実習エピソードでつづる

子どもや障碍がある人の心の世界

小竹利夫

川島書店

は じ め に

　保育士資格や幼稚園教諭免許を取るために保育者養成校で学ぶ学生は，在学している２年間に，保育所，幼稚園，児童養護施設・障碍者施設等で実習を重ねます。実習から戻った学生は，実習先で出会った子どもや障碍がある方の"心"をたくさん語ってくれます。純粋な学生だからこそ見える心の世界があります。学生が書いた実習エピソードを読んで，教員である私もまた子どもや障碍がある方の心を知り，たくさんの事を教えられます。

　本書の内容の中心は，学生が知り得た子どもや障碍がある方の心の世界ですが，実習エピソードに対するコメントという形で，子どもや障碍がある方の心が育つための見方や接し方に関する私見を付け加えました。

　第１部では，最初に実習エピソードについて解説し，次に本書を貫く基本的なスタンスについて触れました。その後，実習の流れに沿って学生達の学びの姿を紹介しました。それは，最初は見えなかった子どもや障碍がある方の心が少しずつ見えるようになっていった学生達の成長の記録でもあります。

　第２部では，学生と子どもや障碍がある方が織り成す様々な心の世界を紹介し，心が育つために必要な支援の条件を探りました。その際，多くのエピソードの中から内容が似通ったものをまとめて，内容に即した見出しを付けました。同じ見出しの下に保育所・幼稚園・施設のエピソードを括ってありますが，これは人の心が育つための原則は年齢の違いや障碍の有無に関係なく共通するものがあるとの考えからです。第２部の関心がある見出しから読み始めて頂いても結構です。

　また，各エピソードの右上には，実習の年次と種別と実習先を記しました。例えば，【１年次の保育実習Ⅰ（保育所）】と記してあれば，１年生の時に保育所で行った保育実習Ⅰのエピソードという意味です。

　学生達が書いたエピソードは，いずれも小さな出来事のささやかな報告です。それでも，全てのエピソードから，学生達の純粋な感性，内面を洞察する力，何よりも優しい気持ちを感じ取ることが出来ます。また，子どもや障碍がある方のキラキラ輝く宝物のような思いに触れることが出来ます。

　本書を通して，学生達と子どもや障碍がある方が織り成す心の世界を，多くの皆さんと共有することが出来たら幸いです。

小竹　利夫

目　　次

はじめに

第1部　実習での学びの共有

第1章　エピソードとは ……………………………………………… 2

第1節　実習エピソードとの出会い ……………………………… 2

第2節　実習エピソードが持つ意義 ……………………………… 5

第3節　実習エピソードを書くにあたって ……………………… 6

第2章　実習における学び …………………………………………… 7

第1節　保育者を目指す学生に望むこと ………………………… 7

第2節　実習の種類と時期・期間 ………………………………… 9

第3節　エピソードでつづる各実習での学び …………………… 10

　(1) 1年次の幼稚園での教育実習（観察） ……………………… 10

　(2) 1年次の保育所での保育実習Ⅰ ……………………………… 15

　(3) 2年次の幼稚園での教育実習（参加・総合） ……………… 17

　(4) 2年次の施設での保育実習Ⅰ ………………………………… 20

　　①乳児院 …………………………………………………………… 20

　　②児童養護施設 …………………………………………………… 24

　　③医療型障害児入所施設（旧重症心身障害児施設） ………… 30

　　④児童発達支援センター（旧知的障害児通園施設など） …… 31

　　⑤障害者支援施設（旧知的障害者更生施設など） …………… 33

　(5) 2年次の保育所での保育実習Ⅱまたは施設での保育実習Ⅲ … 37

第2部　心が育つための支援

第1章　信頼関係を築く …………………………………………… 42

第1節　味方になる ………………………………………………… 42

第2節　愛情を注ぐ ………………………………………………… 46

第3節　魅力に触れる ……………………………………………… 49

第4節　心の事情 …………………………………………………… 52

第5節　その子その人の世界 ……………………………………… 54

第6節　共感する …………………………………………………… 58

第7節　相手に合わせる 60

第8節　気持ちを受け止める 64

第9節　信頼を育てる 67

第10節　行動の意味 70

第11節　気持ちに気付く 73

第2章　心を伝え合う 78

第1節　気持ちを聴く 78

第2節　言葉を掛ける 82

第3節　気持ちを伝え合う 85

第4節　コミュニケーション 87

第5節　目線・表情・動きから思いを読み取る 90

第6節　様々なコトバ 94

第3章　心を調整する 102

第1節　気持ちの調整 102

第2節　こだわりを尊重する 105

第3節　「困った行動」 109

第4節　けんかの対応 114

第4章　世界を広げる 119

第1節　自立を助ける 119

第2節　見 守 る 126

第5章　食 べ る 130

第6章　共に生きる 137

第1節　親子の絆 137

第2節　異年齢交流 140

第3節　共に生き，共に育つ 142

第4節　施設で暮らす 148

第5節　偏見・差別 155

おわりに 163

引用文献 164

巻末資料 ———————————————————————————————— 166
① 実習した施設の種別 ————————————————————— 166
② 写真撮影に協力して頂いた保育所・幼稚園・施設 —————— 168
③ エピソード執筆者 ————————————————————————— 170
④ エピソード一覧 —————————————————————————— 171

第1部　実習での学びの共有

　行動には必ず意味があり,大切な心が隠されています。保育者は,行動を見るだけではなく,心を見る視点が求められます。

　第1部では,実習を重ねるにつれて最初は見えなかった子どもや障碍がある方の心が少しずつ見えるようになっていった学生達の学びの軌跡を,実習のエピソードを通してたどります。

第1章　エピソードとは

第1節　実習エピソードとの出会い

　ある養成校で教え始めた年，幼稚園での教育実習から戻った2年生に実習で心に残った子ども達との係わりを書いてもらったところ，素敵なエピソードに沢山出会いました。それらのエピソードを読んで，多くの学生が子ども達と深く係わってきたことを知り，感銘を受けました。その時に出会ったエピソードの一つを以下に紹介します。

気持ちに寄り添って見えたもの　　　　　　　　【2年次の教育実習（幼稚園）】

　障碍を持っているT君（4歳）は，集団行動が上手く出来ず，すぐに教室から出て行ってしまいました。

　ある日，帰りの会の時間に，一人教室を飛び出し，隣の教室へ入ってしまいました。T君は立ったまま動かず，じっと時計を見ていて，私が何と声を掛けても教室に帰ろうとはしませんでした。

　私はT君がなぜそんなに時計が気になるのか，自分の教室の時計ではだめなのか知りたくなり，T君と同じ目線の高さになるようにしゃがんでみました。すると，時計の秒針が太陽の光に反射して，1秒1秒きらきらと輝いていました。私はとても感動したと同時に，T君はこの光が好きで見とれてしまっていたのだと分かりました。T君の教室では時計の場所が日陰になっていたため光がありませんでした。

　私は「きれいだね」などと声を掛けながら，少しの間T君と一緒にその光を見ました。その後で「また明日も見ようね」と声を掛けると，T君は自分から教室に帰っていきました。

　　　　　　　　　　　　　　　　　　　　　　　　　　　　　　　　　　【Aさん】

この短いエピソードの中には，人が人と繋がり豊かな心が育つためのヒントがたくさん含まれています。以下に，経過に沿って個々のやりとりが持つ意味について少し詳しくコメントを述べます。このコメントに込めた思いは，他の多くのエピソードにも通じる思いでもあります。

〈コメント〉

① 行動の奥にある気持ちを理解しようとする

　最初，学生は教室を飛び出したT君の後を追い，教室に連れ戻そうと言葉を掛けました。実習生という立場にあって，集団行動への復帰を願うのは当然の振る舞いと考えられます。

　しかし，その後学生は，隣の教室の時計にじっと見入るT君の姿に接して，その行為を「困った行動」と見なして制止するのではなく，その行為の奥にある気持ちをもっと深く知りたいと思い，しゃがんで一緒に時計を見ました。

　ここが，子どもの気持ちに寄り添えるかどうかの大きなポイントだったと思います。すなわち，子どもの表面的な行動だけを見て問題視したのでは，子どもの気持ちはたちまち離れていってしまいます。行動の奥にある気持ちを理解しようとしたことで，学生はT君の心の世界に近付くことが出来ました。

② 気持ちに共感し，肯定的に子どもを理解する

　T君と同じ目線で時計を見た学生は，時計の秒針が光に反射して輝いていることに気が付き感動しました。後に「感動」の意味を学生に尋ねたところ，光の美しさに感動したと同時に，T君の繊細な感性や気持ちに触れて感動したと答えてくれました。T君の行動の意味を「分かった」だけでは，まだ子どもの気持ちを頭で理解したにすぎません。T君と同じようにその光の美しさに感動して，初めて子どもの気持ちを心で共感的に理解したことになります。そして，気持ちを共感的に理解出来た時，学生はT君を意味のある行動をする子として肯定的に理解するようになりました。

③ 気持ちを代弁する

　そして，学生は「きれいだね」と，その時のT君の気持ちを代弁しました。その言葉を聞いて，T君は学生が自分の気持ちを理解し，共感してくれたことを知り得たと思われます。この瞬間，学生とT君の心が繋がりました。これまで時計を見る行動の意味を分かってもらえず，その行動を制止されたり叱られたりすることが多かったT君は，学生が気持ちに共感し，自分を認めてくれたことで，学生に対する信頼や自分に対する自信を深めることが出来たのではないかと思われます。

④ 気持ちを明日に繋げる言葉掛け

　学生は，しばらくT君と一緒に時計を見てから，「おしまいにしよう」と言うのではなく，「また明日も見ようね」と言葉を掛けました。「おしまいにしよう」という言葉が気持ちを断ち切る言葉であるのに対して，「明日も見ようね」という言葉は気持ちを明日に繋げる言葉です。学生の言葉を受け取ったT君は，「もっと見ていたい」という気持ちを明日に繋げ

ることで，納得して自分から気持ちを切り換えることが出来たのではないかと思われます。

⑤　気持ちを受け止めてもらった子は，人の気持ちを受け止めることができる

最初，学生が教室に連れ戻そうといくら声を掛けても，Ｔ君は全く聞こうとしませんでした。それが，学生がしばらく一緒に時計を見たら，自分から教室に帰って行きました。

これは，Ｔ君が満足したからとも考えられますが，私は学生がＴ君の気持ちを理解し，共感し，受け止めたことで信頼関係が深まり，その結果Ｔ君は学生の気持ちを汲んで自分から教室に帰っていったのではないかと思います。芳野正昭氏（2009）も，このエピソードが持つ積極的な意味を考察し，その中で「学生のこのような係わりの延長線上で，やがてＴ君において，教室を飛び出す前に受けるであろう係わり手の制止（指示）を受け入れたりＴ君自身で判断したりして，納得した上で教室を飛び出さなくなるということも十分に考えられることであると思われます」と書いています。

⑥　共に育つ

実習生とはいえ学生は，子ども達から見ればいろんな事を教えてくれたり，世話をしてくれたりする先生です。その学生が，Ｔ君との係わりの中で，思いもしなかったＴ君の繊細な感性に触れて感動し，子どもに対する見方を広げることが出来ました。このように，子ども達と係わる中で，子ども達に教えられたり，感動をもらったりすることがあります。この事が，子どもと係わる仕事を一層魅力あるものにしていると思います。

一方，私も，大学で学生を教える仕事をしている中で，今回のように，逆に学生から教えられたり，感動をもらったりすることがあります。

人が人と係わる時，教え教えられる・支え支えられるといった共に育つ関係がいつでもどこでも成り立つ訳ではありません。そういった豊かな育ち合う関係を築く為には，先ずは相手の気持ちを丁寧に受け止める姿勢が大切である事を，このエピソードは示しています。

⑦　体験を共有する

学生は実習で体験したＴ君との心の触れ合いをエピソードとして記述し，私はそれを読んで，その出来事を追体験することが出来ました。

体験を共有する為には，出来事が起きた経過や情景が読み手にリアルに想像出来るような記述であることが必要ですが，何よりもエピソードの中身が表面的な行動の記述に留まらず，行動の奥にある気持ちに言及していることが大切です。なぜなら，体験を共有するということは，心を共有することだからです。このエピソードを読んで私が感動したのは，学生とＴ君の心の触れ合いを共有出来たからだと思います。

上記のコメントは，「実習のエピソード」（青木・小竹，2009）の原稿を一部書き直したものです。私はこのエピソードに出会って，学生が書く実習エピソードの中に子ども達のキラキラ輝く思いがたくさん隠されていることに気付きました。これ以後，実習を終えた学生達が書くエピソードを，宝探しにも似たわくわくする気分で読むようになりました。

第2節　実習エピソードが持つ意義

　実習エピソードが持つ意義はたくさんあります。

　先ず，エピソードを書くことを通して，学生は自らの体験を省察し，子どもや障碍がある方の行動の意味や心について理解を深めることが出来ます。更に，自らの係わりを振り返り，新たな視点や対応の仕方に気付くことが出来ます。また，エピソードを読むことを通して，学生と子どもや障碍がある方との心の交流を皆で共有することが出来ます。現場で働く保育者からも，「日々の仕事に追われ忘れていた子どもの気持ちに気付くことの大切さを思い出すことができた」といった声が寄せられています。そして，何よりも私自身，学生が書いたエピソードを読んで，子どもや障碍がある方の心の機微に触れ，人が人と繋がり豊かな心が育つために何が大切かということをたくさん教えられました。

　津守真氏（1980）は，「実践は一回限りの不可逆な出来事であるが，反省によって……ほとんど無意識の中にとらえられている体感の認識に何度も立ち返り，その意味を問う。意味を見出すことによって，過去は現在となり，そして未来を生み出す力になる。その精神作業は，反省に考察を加えること，すなわち省察である」と記しています。省察には，子どもが帰った後その日の係わりを振り返る省察もあれば，何日か経ってから過去の係わりを振り返る省察もあります。学生にとって，実習中にその日の実習日誌を書く作業は前者の省察に当たり，実習を終えて授業で実習エピソードを書く作業は後者の省察に当たると考えています。

　学生が書いた一つ一つのエピソードは，いずれもささやかな報告です。しかし，小石を積んで作られたケルンが登山者に道を示すように，小石のような話がいくつも集まれば，それはゆるぎない事実となり，やがて子どもや障碍がある方と係わる時の道標となるのではないかと考えています。

小石が積まれたケルン

第3節　実習エピソードを書くにあたって

　実習エピソードは，授業の中で何度か学生に実習を振り返って書いてもらっています。基本的には何について書いても自由なのですが，「コミュニケーション」「食べる」「偏見・差別」といったテーマを決めて，そのテーマに関連して心に残った体験を書いてもらうこともあります。

　鯨岡峻氏（2007）は，保育の場でのエピソード記述を推奨し，保育者が心揺さぶられた場面を自分が感じたままに描くことを提案しています。実習エピソードは，鯨岡氏のエピソード記述を参考に，学生が授業の中で手軽に書けるように簡素化しました。何をどのように書くかは基本的には自由なのですが，最近ではエピソードの要件として以下の3点を学生に求めています。

　（1）心に残った係わりを具体的に書く。……**事実を書く**
　（2）表面的な行動だけでなく，その奥にある気持ちを書く。……**心を書く**
　（3）係わりを通して自分が考えたことや感じたこと等を書く。……**学びを書く**

　（1）に関して言えば，先ず事実が基本であり，エピソードに広く説得力を持たせる為にも，事実をきちんと書くことが大切だと考えています。

　だからと言って，単に客観的に行動を羅列するのではなく，行動の奥にある気持ちを描くことが重要です。これが，（2）の心を書くということです。心を対象とすることが重要だと考える理由は，第2章第1節で述べるように，学生には実習を通して子どもや障碍がある方の気持ちを見る目を磨き，将来は子どもや障碍がある方の心を育てる保育者になって欲しいと願っているからです。見えない心を書く為には，子どもや障碍がある方と深く係わることが求められます。この意味で，実習エピソードは，学生と子どもや障碍がある方との心の触れ合いの記録です。最後に（3）として，係わりを通して学生自身が考えたことや感じたことを，実習での学びとして書いてもらいます。実習での子どもや障碍がある方との係わりの意味を省察することで，その学びを深め，次の係わりに活かすことが出来ます。

　この本に収めてある全てのエピソードが上記の3点を満たしている訳ではありません。特に初めの頃はより自由な形で書いてもらったので，事実だけの極端に短いエピソードもあります。それでも，短いエピソードの行間に子どもや障碍がある方の気持ちや学生の学びを感じ取ることが出来ると思います。

※プライバシー保護の観点から，実習エピソードに登場する人物名は全てイニシャルとしました。
　また，エピソードの内容を損なわない範囲で，必要に応じて一部書き改めたものもあります。

第2章　実習における学び

第1節　保育者を目指す学生に望むこと

　実習に先立って，学生は実習を通して自分が特に学びたいと思う事を目標として立てます。例えば，1年次の実習では，実習する園について知る，園生活の一日の流れを知る，保育者の仕事を知る，子どもについて知る，適切な環境について知るといった目標が考えられます。上記の子どもについて知るという目標と関連しますが，私は"子どもの気持ちを理解し，受け止める"ことを目標の一つとするよう学生に求めています。これは，子どもや障碍がある方の気持ちに寄り添った保育・支援を出来るようになることが，保育士や幼稚園教諭としてとても大切な要件だと考えるからです。

　津守真氏（1980）は「行動は，子どもが心に感じている世界の表現である」と述べています。子どもや障碍がある方の何気ない行動の中にも，その子その人の大切な心が隠されています。とりわけ障碍がある方は一見不可解な行動を取ることがありますが，そのような行動にも必ず意味があり，大切な気持ちが隠されています。表面的な行動だけを見ていては，その子その人を問題視して，戸惑ったり，制止したり，叱責したりと的外れな対応をしてしまいがちです。一方で，行動の奥にある気持ちを見ようとすることで，その子その人を深く，肯定的に理解出来るようになります（図1参照）。保育者を目指す学生達には，行動だけを見る視点（①）を，行動を通してその奥にある気持ちを見る視点（②）に変換し，子どもや障碍がある方を肯定的に理解出来るようになって欲しいと願っています。

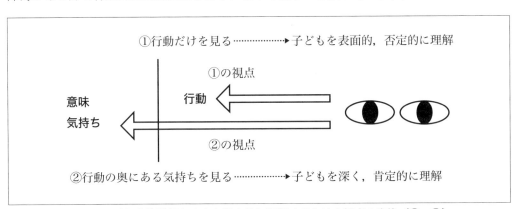

図1　子どもや障碍がある方を肯定的に理解するための視点の変換（①→②）

　自分が無条件で認められている，愛されていると思えた時，子どもや障碍がある方は人を好きになり，自分を好きになります。言い換えるなら，保育者が子どもや障碍がある方の気

持ちを理解し，受け止めることで，子どもや障碍がある方は，人を信頼し，自信を持って自分を表現し，安心して生活出来るようになります。そして，このような信頼・自信・安心といった豊かな心が育つと，子どもや障碍がある方は自分から世界を広げていくことが出来るようになります。

一方で，保育者が子どもや障碍がある方の気持ちを受け止めることなく，叱責や指示ばかりを与えていると，子どもや障碍がある方は，人を信頼しないで，不信感を強めるようになります。また，自分に自信が持てないために自分を出せなかったり，不安な気持ちが心の微調整を難しくして閉じこもりや乱暴な行動を引き起こしたりするようになります。

以上のような考えに基づき，学生には，実習を通して子どもや障碍がある方の気持ちを理解し，受け止める力を身に付け，将来は子どもや障碍がある方の心を育て，支える保育者になって欲しいと願っています。保育者の対応と子どもや障碍がある方の心の育ちの関係を図示すると図2のようになります。

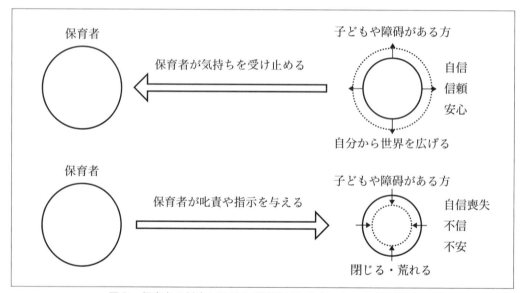

図2　保育者の対応と子どもや障碍がある方の心の育ちの関係

これに対して，子どもや障碍がある方の気持ちを受け止めてばかりいるとわがままになるのではないかと心配する声があります。しかし，子どもや障碍がある方の心に近付きたい，気持ちを受け止めたいと純粋に望む保育者に，子どもや障碍がある方もまた心を開き，気持ちを受け止めてくれるようになります。即ち，保育者が子どもや障碍がある方の気持ちを受け止めることで信頼関係が深まり，信頼関係が深まると子どもや障碍がある方も保育者の言葉に耳を傾け，「こうして欲しい」という保育者の願いを納得して受け止めてくれるようになります（図3参照）。このような気持ちを受け止め合う関係が成立するためにも，保育者が子どもや障碍がある方の気持ちを丁寧に受け止めることが出発点となることを強調しておきたいと思います。

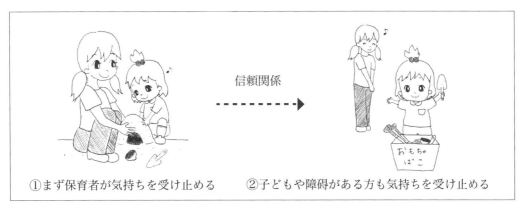

①まず保育者が気持ちを受け止める　②子どもや障碍がある方も気持ちを受け止める

図3　お互いに気持ちを受け止め合う

砂場遊びに付き合う
幼稚園での教育実習（参加・総合）

抱っこして安心感を与える
保育所での保育実習Ⅱ

第2節　実習の種類と時期・期間

　保育士資格と幼稚園教諭二種免許の取得を目指す学生達は，養成校での授業と並行して，保育所，幼稚園，保育所以外の施設（乳児院・児童養護施設・障害者支援施設等）で実習を重ねます。

　更に詳しく見てみると，保育士資格を取得するためには，保育実習Ⅰで保育所に90時間以上，保育所以外の施設に90時間以上の実習を行った上で，更に保育実習Ⅱまたは保育実習Ⅲを選択して，それぞれ保育所か保育所以外の福祉施設で90時間以上の実習を行なわなければなりません。一方，幼稚園教諭二種免許を取得するためには，合計20日間の教育実習を幼稚園で行わなければなりません。

　例えば，ある養成校では卒業までの2年間に以下のような流れで実習のカリキュラムを組んでいます。

（1） 1年次の11月に幼稚園での教育実習（観察）……5日間
（2） 1年次の2月に保育所での保育実習Ⅰ……11日間
（3） 2年次の6月に幼稚園での教育実習（参加・総合）……15日間
（4） 2年次の8月に保育所以外の施設での保育実習Ⅰ……11日間
（5） 2年次の9月に保育所での保育実習Ⅱまたは施設での保育実習Ⅲ……11日間

各実習のスケジュールを図で表すと，図4のようになります。

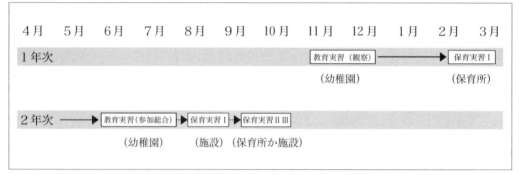

図4　2年間の実習スケジュールの一例

第3節　エピソードでつづる各実習での学び

実習によって時期や期間や対象等が異なりますから，自ずと各実習での学生の気付きや学びの様相も違ってきます。ここでは，各実習の特徴に簡単に触れた上で，学生がそれぞれの実習の中で学んだ内容の一端をある養成校の実習スケジュールに沿って紹介します。最初は子どもや障碍がある方の心が見えなくて戸惑うことが多かった学生達ですが，実習を重ねる度に見える世界が少しずつ広がり，子どもや障碍がある方の気持ちに寄り添った係わりが出来るようになっていきました。

（1）1年次の幼稚園での教育実習（観察）

最初の実習として1年次に5日間，幼稚園での教育実習（観察）があります。一般的に保育実習も教育実習も，子どもと保育者との係わりを観察する観察実習から始めて，次に自ら子どもと係わる参加実習へと進んでいきます。教育実習（観察）では，学生は主として観察を通して幼稚園の一日の流れ・保育者の仕事・子どもの遊びや生活の様子・環境構成等を学ぶことが求められます。

初めての教育実習（観察）を終えて，ある学生は，「本格的な実習は今回が初めてだったので，最初は緊張と不安で胸がいっぱいでしたが，登園してきた子ども達と一緒に遊んでい

ると，いつの間にか笑顔で接していました」と初日の気持ちを報告してくれています。子ども達の笑顔に助けられて，学生は次第に初日の緊張から解きほぐされるようです。

　次の学生のエピソードは，初めての実習を終えて感じた気持ちが率直に語られています。

初めての実習　　　　　　　　　　　　　【1年次の教育実習（幼稚園）】

　私は実習で，園児がいない時は先生の仕事の手伝いを，園児がいる時は読み聞かせや通園バス，その他にも様々な経験をすることが出来ました。子ども達は私のことを「先生」と呼んでくれたり，私の指示に従ってくれたりと，本当に先生になったかのような5日間でした。

　手遊びや読み聞かせの練習をしておいて良かったのですが，先生と私の読み聞かせでは子ども達の反応も違い，私の時は静かにせず話をする子もいました。日々の信頼関係なども関係すると思いますが，まずは先生の読み聞かせを参考にし，技術を向上させたいと思いました。

　また，先生は子ども達には全員同じ援助をするのではなく，一人ひとりの発達を把握して個人に合った援助をしていました。障碍を持つ子や人より遅れを取ってしまう子への対応も，とても参考になりました。時間が掛かるからといって全て大人がやってあげるのではなく，時間が掛かっても子ども達が自分で出来ることは見守ることが大切だと学びました。　　　　　　　　　　　　　　　　　　　　　　　　【Fさん】

▼「初めての実習」で学生が述べている様に，初めての実習先で子ども達から頼られたり，「先生」と呼ばれたりすることで，学生は保育者になるための一歩を歩み始めたことに気付きます。それは嬉しい事であるとともに，自分の未熟さを痛感し子ども達のためにしっかり学ばなければならないことを改めて自覚させられる事でもあります。

　学生は，保育者の指示を受けたり，子どもからの求めに応じたりして，観察実習といえども子どもと係わる機会が沢山あります。その中で，子どもが困っている時は手伝い，子どもが自分でやろうとしている時は見守り，子どもが出来るのにやろうとしない時は理由や気持ちを考えるといった，子どもの気持ちに即した臨機応変な対応が求められます。以下の三つのエピソードは，そのような対応を模索する学生の姿を伝えています。

自立を助ける　　　　　　　　　　　　　【1年次の教育実習（幼稚園）】

　H君（3歳）はとても元気で，お話するのが大好きな子です。いつも鼻水が出ていて，実習中何度も鼻をかんであげました。最初は「自分でかめる？」と聞きました。すると「かめない」と言ったので，私がティッシュを鼻にあてて「チーンして」と言うと，上手くチーンできないから小刻みに鼻をかんでいました。かみ終わると，ちゃんと「ありがとう」と感謝の言葉を伝えてくれました。

このような援助を何度か続けました。すると，実習最終日，H君は自分のポケットからティッシュを出し，自分で鼻をかめていました。「一人でできたんだ」と声を掛けると，まだ鼻水が残っているのに「できたんだよ！」と嬉しそうに笑っていました。こんな短期間で成長が見られたので，とても感動しました。　　　　　【Kさん】

▼「自立を助ける」に登場するH君は，実習中に学生の手を借りて鼻をかんでいましたが，実習最終日には一人でかめるようになっていました。子どもが一人で出来ないで困っていたら，大人が苦手な部分を手伝ってあげることで，子どもはやがて一人で出来るようになります。困った時に助けてくれる人がいるという安心感が，子どもの踏み出しを支えるのだと思います。実習中に，子どもの成長を目にしたり，その成長を手助けしたりすることが出来れば，それは学生にとっても嬉しい体験になります。

見守る　　　　　　　　　　　　　　　【1年次の教育実習（幼稚園）】
　給食の配膳の時に，T君（3歳）が牛乳を肘で押して，床にこぼしてしまいました。その様子を見て私は，T君が行動するよりも先に，雑巾を持ってきて床を拭こうとしました。その時，先生が私に，「ちょっと，待ってね」と声を掛けました。すると，T君は自分でどうすればいいのかを考え，先生に「牛乳，こぼしちゃった」と伝えました。先生はT君に「牛乳をこぼしちゃった時は，どうしたらいいのかな？」と尋ねました。その言葉を聞き，T君はまた自分で考え，雑巾を持ってきて，床を拭き始めました。数分後，先生が私に「じゃあ，先生も一緒にお願いします」と言ったので，私もT君と一緒に床を拭きました。
　その子が自分で考え行動するまで見守ることも大切だということを学びました。
　　　　　　　　　　　　　　　　　　　　　　　　　　　　　　　　【Aさん】

▼「見守る」に登場するT君は，先生の助言を受けて学生が見守る中で，こぼした牛乳を自分で拭き始めました。このエピソードも，大人が援助しなくても子どもには自分達で解決する力があることを伝えています。基本的には困っている子がいたら手を貸してあげれば良い

のですが，子どもが自分で解決しようとしている時は，余計な手出しを控えて見守ることもまた大事だと言えます。今その子は大人の助けを必要としているのか，それとも自分で解決しようとしているのか，その見極めが保育者に求められるのだと思います。

甘える理由　　　　　　　　　　　　　　　　　【1年次の教育実習（幼稚園）】

　おやつを食べ終え，かばんの準備をしている時，Aちゃんが「ハンカチたたんで，かばんにしまって」と言ってきたので，私は「自分でやろうね」と言いました。すると，Aちゃんは泣き出して暴れてしまったので，私は「どうしたの？いつも自分でやっているでしょ」と言うと，「だってBちゃんには，やってたじゃん」と言ってきたのです。私はハッとしました。そういえば，Aちゃんが来る前，Bちゃんが私の所に来て，パンパンになったバッグを見せながら「バッグがしまらないからやって」と言ってきたので，私はバッグを閉めてあげたのです。

　Aちゃんは，「Bちゃんにやって私にはやってくれない」と思ったのでしょう。私は，Aちゃんの気持ちを理解せずに叱ってしまった事をすごく後悔しました。

　　　　　　　　　　　　　　　　　　　　　　　　　　　　　　　　　【Yさん】

▼「甘える理由」では，いつもは自分でハンカチをかばんにしまっていたAちゃんが学生に甘えてきました。子どもが甘えてくるには理由があります。自分でやらせることを優先し過ぎると，子どもの気持ちを見失うことがあります。最初学生はAちゃんの行動を見ただけでは理由が分かりませんでしたが，Aちゃんの言葉を聞いて理由に気付くことが出来ました。このように，子どもや保育者に教わりながら，学生は行動には理由があることに少しずつ気付き，行動の奥にある気持ちを考えながら係わることの大切さを学んでいきます。

　しかし，子どもの気持ちは言葉や行動の奥に隠れていることがあり，初めての実習で学生は子どもの気持ちを見誤ったり，見落としたりといった苦い体験をすることが多々あります。

言葉や行動の奥の気持ち　　　　　　　　　　　　【1年次の教育実習（幼稚園）】

　1年次の観察実習で年中組に入った時，給食の時間になかなか食が進んでいない女の子が，すぐそばに座っていました。「食べられない？」と聞くと，首を横に振ったので，「じゃあ食べようね」と言いました。

　私は食事を終えた子ども達と，みんなが食べ終わるまで，絵本を一緒に読んでいました。すると，「せんせい，Yちゃんが吐いた」と友達が言いに来ました。Yちゃんの方を見ると，辛そうな顔をしていました。その姿を見て私はどうすることもできませんでした。

思い返してみると，「食べられない？」と聞いた時も，もう辛そうな顔をしていました。私は初めての実習で，自分のことで精一杯で，子どものことをしっかり見られていなかった気がします。しっかり見られていたなら，辛そうな顔をその時に気付いてあげられていたと思います。

子どもの言葉や行動の奥の気持ちは，必ず表情に出てくると思うので，しっかりと見られるように心掛けたいと思いました。　　　　　　　　　　　　　　　【Ｉさん】

▼「言葉や行動の奥の気持ち」で，「食べられない？」と学生に聞かれたＹちゃんは，首を横に振りました。しかし，それはＹちゃんの本心ではありませんでした。学生は子どもの気持ちを見誤りましたが，実習を振り返り自らの見立てや対応を反省する中から次の実習での課題を見出すことが出来ました。

子どもが帰った時点でその日の保育をお仕舞いにするのではなく，その日の係わりを振り返り省察することで，子どもの行動の意味や気持ちに気付くことがあります。気持ちに気付くことで，子どもの理解を深めることが出来るとともに，その日の係わりを今後の係わりに繋げることが出来ます。

笑顔に出来れば　　　　　　　　　　　　　　【１年次の教育実習（幼稚園）】

私が３歳児クラスに配属された時に，１日中私の傍を離れたがらない子がいました。その女の子は友達がいないわけではなく，むしろ中心になって遊ぶような明るい子でした。私は「実習生が珍しいからかな？」とあまり気に留めていませんでした。ですが，降園の時間にその理由が分かった気がしました。その子のお迎えはクラスで１番遅かったのです。思えば，その子は友達が分からない所を進んで教えようとしていたり，わがままを一切言わなかったりとしっかりした子だったので，その性格はそういった環境の中で培ったものなのかなと思いました。それで，その日は，時間が来るまで思いっきり甘えさせてあげました。私の実習期間が終わると寂しそうではありましたが，最後には笑顔を見せてくれました。

保育士はやっぱり"子どもの気持ちを見る"ことから始まるのではないかと思いました。そして，子どもを笑顔にすることが出来たらそれで十分で，ピアノが上手だったり，絵が上手だったりすることよりずっと価値があるのではないかと思います。

【Ｓさん】

▼「笑顔に出来れば」で学生が述べている様に，ピアノや絵等の保育技術を磨くことも大切な事ですが，子どもの気持ちを見る目を磨くことは保育者にとって必要不可欠な課題だと思います。子どもの気持ちが分かる保育者は子どもの豊かな心を育てますが，子どもの気持ちが分からない保育者は子どもの心を傷付けます。

第2章　実習における学び　*15*

（2）１年次の保育所での保育実習Ⅰ

　１年次の保育所での保育実習Ⅰでは，実習期間が11日間と長くなり，保育者の保育活動を手伝うだけでなく，その一部分を任されて担当する部分実習が含まれてくることもあります。また，乳幼児はもちろん障碍がある子や様々な事情を抱えた子ども達と出会う機会も増えます。

　赤ちゃん，おとなしい子，障碍がある子等様々な子どもと出会い，学生が戸惑いながらも学びの幅を広げていった様子を以下に紹介します。

　心で会話する　　　　　　　　　　　　　【１年次の保育実習Ⅰ（保育所）】

　　０歳児クラスに入った時に，初めは「会話の出来ない赤ちゃんに対してどんな言葉掛けをしたらいいのだろう……？」と戸惑ってしまいました。しかし，私の一つひとつの言葉に対して，手足を動かしたり，顔をクシャッとさせたりと，一生懸命反応してくれていることが分かりました。０歳児でも，心で会話ができるのだと思いました。　　　　　　　　　　　　　　　　　　　　　　　　　　　　　　【Ａさん】

▼「心で会話する」では，０歳児クラスに入って学生は最初どうやって会話すればよいのか分からず戸惑いましたが，赤ちゃんが体の動きや表情で応えてくれていることに気付き，心の会話を楽しみました。

　赤ちゃんは，しゃべれなくても，人の声が大好きで，体で応えてくれます。赤ちゃんとの係わりを通して，学生は気持ちを表現する手段は話す言葉以外にも様々なコトバがあることを体験的に学びます。

　目線に気付く　　　　　　　　　　　　　【１年次の保育実習Ⅰ（保育所）】

　　４歳児クラスに入った時，「お姉ちゃんだ」と言って抱きついてくる子が多く，抱っこしたり，ぐるぐる回したりして遊びました。その中に，決して抱きついてきたりはしないけれど，羨ましそうに見ている子がいました。その子に「おいで？」と手を差し伸べると，嬉しそうに走って近寄ってきました。

　　その時，自分の意志をはっきりと言葉や行動に出せない子もいるのだから，そこまでも気を配らなければいけないなと思いました。　　　　　　　　　　　【Ｓさん】

▼「目線に気付く」で学生は，おとなしい子の目線や表情や動きから気持ちを察しました。このように，赤ちゃんだけでなく言葉を話せる子に対しても，目線や表情や動きに注目することで気持ちを受け取ることが出来ます。気持ちを言葉で伝えることが苦手な子との係わりを通して，学生は子どもの気持ちに近付くためには受け取る側が感度を上げなければならな

16　第1部　実習での学びの共有

いことに気付きます。

特別なことはいらない　　　　　　　　　　　【1年次の保育実習Ⅰ（保育所）】

　2歳児クラスにA君という，自閉症がある男の子がいました。初めてA君のクラスに入った時，多くの子は人見知りをしたり，初めて見る私に，どう接していいのか分からず，戸惑っている様子が見られたりしました。そんな中，A君はニコニコしながら，私に絵本やおもちゃの車，ブロックなどを持ってきて，「あそぼう！」「よんで！」などと言ってくれました。少し緊張していた私も，A君の無邪気な笑顔と言葉に緊張がほぐれていきました。

　その後，違うクラスに移っても，A君は私を見つけると，遠くから名前を呼び，笑顔で走ってきてくれました。とても嬉しく，またその姿はとても可愛いかったです。

　実習前に2歳児クラスに自閉症がある子がいることを先生に伺い，「どう接したらいいのだろう？」と不安に思っていた私に，「何も特別なことはいらない」と教えてくれたのは，A君でした。　　　　　　　　　　　　　　　　　　　　　　　　【Aさん】

▼「特別なことはいらない」で学生は最初，「自閉症」という診断名にとらわれて，A君を他の子とは違う存在として見てしまいました。しかし，実際に係わってみて，障碍があってもなくても子どもは皆同じであることに気が付きました。障碍がある子との出会いは，学生に自分の中にある偏見や差別を見直すきっかけをもたらしてくれます（第2部第6章「共に生きる」参照）。

　一方で学生は，年齢ごとの子どもの成長を知ると同時に，個性豊かな子どもに出会って，子ども一人ひとりの個人差を考慮して丁寧に係わることの必要性に気付きます。「落ち着きのない子」「乱暴な子」と言われている子どもに対しても，そのようなレッテルをはずして丁寧に係わることでその子の内面の心に触れることが出来ます。

　次のエピソードは，そのような係わりを通して気付いた子どもの心を紹介しています。

心の声　　　　　　　　　　　　　　　　　　　【1年次の保育実習Ⅰ（保育所）】

　5歳児クラスを担当した時に，落ち着きのないS君という男の子がいました。

　ある日，朝の集会があって全クラスが集まっている時に，S君は隣に並んでいるMちゃんに話し掛けていました。先生が「S君，みんなが集まっている時は喋らないでね」などと声を掛けると，S君は何か言いたそうにしていましたが，静かになりました。けれど，しばらく経つとまたMちゃんに話し掛けていたので，私は気になって「どうしたの？」と声を掛けてみました。すると，S君は小声で「Mちゃん，具合悪いみたい」と教えてくれました。それを聞いた私が「そうだったんだ。教えてくれて

ありがとう」と言うと，S君は嬉しそうにしていました。S君はただのお喋りをして
しまう時もあるけれど，きちんと周りを見ていて優しい心を持っているのだなと思い
ました。
　私は子どもの行動だけを見て声掛けをするのではなく，子どもの気持ちをちゃんと
受け取りたいと思いました。　　　　　　　　　　　　　　　　　　　【Sさん】

▼人が起こす行動には必ず理由があります。津守真氏（1991）は，「行動は子どもの内的世
界の表現」と述べています。一見困った子どもの行動にも必ず理由があり，子どもの心が隠
されています。**「心の声」**のS君のおしゃべりには，友達を気遣う優しい気持ちが隠されて
いました。学生はS君の気持ちに触れて，S君は落ち着きのない子ではなく，優しい子だと
理解しました。
　表面的な行動は目に付き易いのに対して，内面の心はなかなか見えません。それでも学生
は，実習を重ねるにつれて少しずつ子どもの気持ちに気付くことが出来るようになります。
このような気付きの積み重ねが，子どもの内面を見る保育者としての目を育ててくれるのだ
と思います。

（3）2年次の幼稚園での教育実習（参加・総合）

　多くの学生は，1年次に教育実習（観察）を行った幼稚園で，2年次に15日間の教育実習
（参加・総合）を実施します。1年次と同じ園で実習することで，半年後の子どもの成長し
た姿を見ることが出来ます。また，1年次の実習では子どもの理解や対応の仕方について保
育者や子どもから教わることが多かったのですが，2年次の教育実習では積極的に子どもと
係わる中で，自分で子どもの気持ちに気付き，対応を考えるといった主体的な学びが期待さ
れます。
　また，2年次の教育実習では，日中活動の一部分を任されて担当する部分実習はもちろ
ん，朝の会から帰りの会までほぼ丸1日を任されて担当する責任実習が含まれ，学生は，幼
稚園の教師の指導を受けながら，初めて責任実習の指導案を立案し，「先生」として子ども
達の前に立つことになります。
　次に，部分実習や責任実習での学生の気付きや学びを，エピソードを通して紹介します。

　大切な一冊　　　　　　　　　　　　　　　【2年次の教育実習（幼稚園）】
　私は部分実習で絵本を読みました。その絵本の内容は少し悲しく，でもとてもいい
お話でした。年中クラスには少し難しいかなとも思いましたが，みんなにも見てもら
いたいと思い，私はその絵本を読むことにしました。実際に読んでみると，みんな思
っていたより飽きずに真剣に見てくれて，嬉しく思いました。
　そして次の日，先生に「昨日の夜，Aちゃんが急に泣き出しちゃったらしいの。お

母さんが何で泣いているのかよく聞いたら，Ｏ先生が読んでくれた絵本のことを思い出したら涙が出てきちゃったみたいだよ。素敵なお話をありがとうね。きっとＡちゃんはＯ先生がこの絵本を読んでくれたこと，一生覚えているよ」と言って頂きました。私はとても嬉しく，その絵本を読んで良かったなと思いました。

　私はこの日から，一つひとつのお話を大切に大切に読むようになりました。たかが一冊の絵本ですが，誰かにとってはすごく大切な一冊になるかもしれません。そのことを気付かせてくれたＡちゃんに感謝です。　　　　　　　　　　　　　　　【Ｏさん】

▼日中活動の一部分を任されて担当する部分実習では，朝の会でピアノを弾いたり，お帰りの会で絵本や紙芝居を読んだりすることがあります。**「大切な一冊」**では，学生が子どもに聞かせたいと思って選んだ絵本を，子ども達は多少難しい内容でも真剣に受け取ってくれました。読み手が子どもに伝えたいと強く願えば，本に込められた作者のメッセージは，子どもの心にきちんと届くのだと思います。このエピソードは，絵本や紙芝居の読み聞かせでは，技術面の向上を目指すだけでなく，子どもの心に何を届けたいのかを考えることも大切であることを示唆しています。

子どもの笑顔の為に頑張る　　　　　　　　【２年次の教育実習（幼稚園）】

　私は部分実習１日目の時に，「自分が頑張らなきゃ」とか，「失敗しないようにやらなきゃ」と思っていましたが，その日の部分実習は最低の出来でした。しかし，その後の反省の時，先生に「自分が失敗しないようにじゃなくて，子どもも自分も楽しく過ごすのが１番じゃないかな？」とコメントを頂きました。その言葉で私は，自分のために子どもと接するのではなくて，子どものためにやるのだと，簡単なことなのに，改めて気付かされました。次の日からは，自分がいくら失敗しても，子ども達の笑顔のために頑張ることができました。　　　　　　　　　　　　　　【Ｔさん】

▼**「子どもの笑顔の為に頑張る」**では，部分実習の失敗から学生は，「実習は自分の為にするのではなく，子ども達の笑顔の為にするのだ」という事を学びました。実習では，評価が気になり，ややもすると子どものことよりも自分のことを優先して活動してしまいます。しかし，本当は子どもの笑顔が自分の笑顔となるべきであり，子どもが楽しく活動できていれば，結果として良い評価が付いてくるのだと思います。

子ども達の優しさ　　　　　　　　　　　【２年次の教育実習（幼稚園）】

　私は部分実習や責任実習をやらせて頂いた時，失敗しないようにと意識する余り，とても緊張していました。私はピアノもあまり得意ではなく，実習で演奏した時は散々な結果になってしまいました。しかし，私がピアノをミスしたり止まったりして

も，子ども達は私のピアノに合わせて歌ってくれました。また，私が次にやることを忘れてしまった時には，「次は○○だよ」と子ども達が教えてくれました。

　私は自分が失敗しないようにと自分の事しか考えていなかったけれど，子ども達は私の為に考え助けてくれました。私も，もっと子ども達の事を考えて活動が出来れば良かったと思いました。　　　　　　　　　　　　　　　　　　　　　　　【Ｓさん】

▼日中活動の一部分を任されて担当する部分実習にしろ，朝の会から帰りの会までほぼ丸1日を任されて担当する責任実習にしろ，事前に計画した通りには行かないことがあります。そのような時，子ども達の笑顔や優しさに救われたり，励まされたりすることがあります。**「子ども達の優しさ」**では，ピアノの演奏でミスをした学生は子ども達の優しさに救われ，本来子どものことを考えて実施すべき実習なのに自分の事しか考えていなかったことに気付き，反省しました。子ども達が主人公となって輝く為に，黒子となって応援するのが保育者の役割だと思います。

実習最終日の思い出　　　　　　　　　　【２年次の教育実習（幼稚園）】

　実習最終日の帰りの活動の時に，私が担当していた年中組の先生に「他の組の手伝い行ってきて。３０分に帰ってきてね」と言われ，他の組にお手伝いに行きました。３０分になり教室に戻ると，みんながこっちを見て，後ろに何かを持ち立っていました。すると，突然持っていた物をこちらに差し出し，「Ｉ先生，ありがとうございました」と言ってくれました。持っていたのは私の似顔絵でした。首にかけられるようになっていて，一人ひとり首にかけてくれました。私も用意していたペンダントをみんなに渡しました。最初は我慢していたものの，段々と抑えられなくなり，涙が止まりませんでした。ついには何人かの子ども達も泣き出してしまい，先生までもが涙してくれました。最後には，学校で頑張れるようにと，みんなが「頑張れ」と言ってくれ，「学校で辛い事，大変な事があったら，みんなにいつでも会いに来てね。Ｉ先生の事，ずっと忘れないよ」と言ってくれました。

　３週間の実習では，辛かった事や大変だった事がたくさんありましたが，それ以上に楽しい事や嬉しい事があり，毎日子どもの笑顔に支えられ充実した日々を過ごしました。そして，この出来事があり，最後まで一生懸命頑張ってきて本当に良かったなと思いました。　　　　　　　　　　　　　　　　　　　　　　　　　　【Ｉさん】

▼**「実習最終日の思い出」**では，実習最終日に，学生は子ども達から沢山の素敵なプレゼントや思い出をもらいました。別れは辛くても，これらのプレゼントや楽しかった思い出がお互いにとって宝物となり，今後の人生の支えになるのだと思います。

20　第1部　実習での学びの共有

責任実習でゲームをする
幼稚園での教育実習（参加・総合）

責任実習で紙芝居を読む
幼稚園での教育実習（参加・総合）

（4）2年次の施設での保育実習Ⅰ

　2年次の保育実習Ⅰでは，2年生全員が保育所以外の児童養護施設や障碍がある人達の施設等で11日間実習します。施設が自宅から離れた場所にあることもあり，この保育実習Ⅰで初めて泊り込みの実習を経験する学生も多数います。

　多くの学生は，施設での実習が初めてなので，実習に行く前は不安を持っています。それでも，先輩が書いた施設での実習エピソードを読んだり，施設の話を聞いたりする中で，これまでの幼稚園や保育園での実習と通じるものがあることを知り，少しずつ不安は楽しみや期待に変わっていきます。実際に実習に行くと，最初の2～3日は施設の生活に慣れるのに苦労するようですが，その後は施設の子どもや利用者の方の明るさや優しさに触れるうちに，実習が楽しくなっていくようです。

　実習を経験する度に，学生は一回り大きくなります。特に施設での実習では，学生はこれまで自分が生きてきた世界とは違う世界を知り，価値観や人生観が変わる程の貴重な体験をすることがあります。また，子どもや利用者の方との係わりだけでなく，その子その人を取り囲む家族，施設，地域といった社会的な関係も視野に入れて支援しなければならないことを学びます。

　次に，主な施設の種別ごとに学生の気付きや学びを紹介します。

①乳児院：家庭で保育を受けられない1歳未満の乳児（特に必要がある場合は，幼児も含む）を入所させて養育する施設。

愛情を注ぐ　　　　　　　　　　　　　　　　　　　　【2年次の保育実習Ⅰ（乳児院）】

　乳児院では，本当の親に代わって，担当の保育士が何人かの子どもを育てます。しかし，保育士も24時間365日一緒にいられるわけではないので，たくさんの子ども達が私に甘えてきました。

食事の介助の時，3歳のY君が自分でご飯を食べていました。スプーンの手が止まり，私が「モグモグして食べよう。この魚おいしいよ」と言っても，食べてくれませんでした。そこで私が一口Y君の口に入れてあげるとY君はそれを食べてくれましたが，「Y君，自分で食べてみようよ」と言うとみそ汁を逆さにしてこぼしてしまいました。それを見ていた保育士の方が「実習生に甘えているのね」と言いました。私はY君に向き合い，一緒に食事をしました。

また，本当は歩けるK君がホールに移動する時マットの上に寝転んでしまい，声を掛けても起き上がりませんでした。K君は私に抱っこしてもらいたかったらしく，私はK君を抱っこしてホールまで連れて行きました。

このように，みんな実習生に甘えてきて，私はそんな子ども達にたくさん愛情を注ぎたいと思いました。こんなにもかわいい子ども達が直接親に育ててもらえないのは，かわいそうだと思いました。この時期に親から受ける影響はとても大きいのだと感じました。　　　　　　　　　　　　　　　　　　　　　　　　　　　　　【Kさん】

甘え　　　　　　　　　　　　　　　　　【2年次の保育実習Ⅰ（乳児院）】

3歳児のA君は，食事の時など自分でできるのにもかかわらず，いつもできないふりをして「やって」と訴えてきます。私は保育所での実習等で学んできたことが頭にあったせいか，「自分でできるよね」と言葉を掛け，自分でできることは自分でやるよう援助してきました。そうすると時々泣いてしまうことがあったので職員の方に相談したところ，乳児院では職員が親の代わりになるので子ども達は甘えからそのような行動を取るということを教えて頂きました。

保育所とは違って施設では，子どもの甘えを素直に受け入れてあげることが，私達実習生にとって一番大切なことだと感じました。　　　　　　　　　　　　　【Sさん】

▼十分親に甘えることが出来なかった乳児院の子ども達は，自分で出来る事でも甘えてやろうとしないことがあります。**「愛情を注ぐ」**や**「甘え」**で学生は，そのような子ども達に対して自分でやることを促すのではなく，十分甘えさせることの大切さを学びました。保育所や幼稚園では子どもが自分で出来る事は出来るだけ自分でやるように援助しますが，乳児院や児童養護施設などでは甘えを受け入れて愛情を満たすことが優先されます。

乳児期には大人から愛情をいっぱい受けることが大事です。愛情を満たされた子どもは，人を信頼して安心して自ら自立に向けて踏み出して行きます。佐々木正美氏（1998）も，「子どもが『抱っこ』と言う度に抱っこしてあげたら歩けない子になったなんてことは決してない。抱っこを要求した時に満たしてもらえた子の方が安心して，自分を信じて自立していく」といった内容のことを述べています。エリクソン（1977）は，乳児期に達成すること

22　第1部　実習での学びの共有

が求められる発達課題として，人に対する「基本的信頼」の獲得を挙げています。それは，子どもの要求を特定の大人が十分満たしてあげることで獲得されます。

　乳幼児期に親から十分な愛情を受けてこなかった子どもは，満たされない愛情を求めて大人に過度に甘えてきたり，大人に対する不信感から心を閉ざしたりすることがあります。いずれにせよ，保育者は子どもの寂しい気持ちや不信感を受け止め，愛情をいっぱい注ぎ，新たに信頼関係を紡ぎ直すことが求められます。

　乳児院では，職員と同じように実習生もまた，親代わりとなって日々子ども達の世話をします。子どもにとって特定の大人と持続的な確かな関係を結ぶことが気持ちの安定には不可欠です。しかし，施設実習では，学生は施設が持つ負の側面も知らされることになります。

成長するということ　　　　　　　　　**【２年次の保育実習Ⅰ（乳児院）】**

　実習中に児童養護施設に移動が決まったR君（４歳）とNちゃん（２歳）のお別れ会がありました。ここの乳児院では，一人ひとりに担当がいました。R君とNちゃんの担当の先生は，本人に移動をするということを事前に伝えていました。お別れ会は誕生日会と同じ会場でした。先生と本人以外は，移動の件は知りません。M君が「誰か誕生日なの？」と先生に尋ねていましたが，先生は無言で笑顔を向けていました。先生の笑顔はとても切ないものに見えました。お別れ会が始まり，他の子ども達にも２人が移動をするということを伝える先生は，瞳に涙をたくさんためながらそのことを伝えていました。

　成長するということは，とても素晴らしいことです。しかし，乳児院では別れが近付いているということなのです。私は１１日間という短い時間しか係わっていませんが，お別れ会の子ども達と先生方の様子を見ていると，心が締め付けられる思いでした。改めて，乳児院で働くことの辛さを考えさせられました。　　　　　　　　　【Sさん】

▼乳児院は，必要に応じて２歳〜３歳まで入所している子もいますが，原則として１歳までしかいられません。**「成長するということ」**では，乳児院の子ども達は，実の親との別れだけでなく，親代わりの職員とも別れざるを得ない辛い現実が報告されています。

　また，乳児院では，子どものケアだけでなく親のケアも大切な仕事です。乳児院での実習で学生は，親子関係を築くことの大切さと共にその難しさを痛感します。

虐待を受けた子ども達　　　　　　　　　**【２年次の保育実習Ⅰ（乳児院）】**

　乳児院での実習で１才児クラスに入った時，虐待により片目が失明している子，顔に大きなあざがある子，親の顔を見ると泣く子など様々な子がいました。虐待されていた子がこんなにもたくさん近くにいるとは思いませんでした。その中でも子ども達

は私に甘えてきてくれたり笑顔で楽しそうにしていたりする様子を見ると，なんだか悲しくなりました。子どものケア，親のケアを行い，子どもにとって一番良い環境を与えることが大切だと思いました。

親と一緒に暮らすことが子どもの幸せとは限らないということを学びました。

【Tさん】

新しいママ　　　　　　　　　　　　　　　【2年次の保育実習Ⅰ（乳児院）】

Jちゃんは，里親さんが決まっていました。Jちゃんとの愛着を築くために，里親さんはよく乳児院に来てJちゃんと食事をしていましたが，Jちゃんは自分が連れて行かれることを理解してか，里親さんになつこうとしませんでした。里親さんは何度もJちゃんに声を掛けたり，一緒に遊ぼうとしたり努力していましたが，Jちゃんは里親さんと係わることをかたくなに拒否していました。また，里親さんが「ママだよ」と言うと，Jちゃんは「ちがう」と言って拒否しました。

その様子を近くで見ていて，新しく家庭を築くこと，新しい家族として愛を与え受け入れてもらうことの難しさを学びました。とても切なかったです。　　【Aさん】

親子の面接　　　　　　　　　　　　　　　【2年次の保育実習Ⅰ（乳児院）】

乳児院で実習した時，親との面接で子ども達の様子を見るととても複雑な気持ちになりました。親を見て泣き出す子，母親の膝の上に乗せられているのに固まってしまっている子，親を無視して遊具で遊んでいる子など様々でした。親もそうなのだろうけれど，子ども達自身もどう親と接してよいのか分からなくて混乱してしまうのだろうと感じました。中には，職員の方が一緒についてお母さんにアドバイスをしたり，子どもとの係わり方を教えたりしていました。また，子ども達にも「ママが一緒に遊んでくれて嬉しいね」などと言葉掛けをしていました。

家族がいるだけでとても幸せだということを改めて感じました。多くの子ども達が家族という温かさを知って育って欲しいなと思いました。　　　　　　【Kさん】

▼**「虐待を受けた子ども達」**では，虐待により失明した子，顔にあざがある子，親を見て泣く子などに接した学生は，「親と一緒に暮らすことが子どもの幸せとは限らない」と結んでいます。また，**「新しいママ」**では里親との新しい親子関係を築くことの難しさを，**「親子の面接」**では親子関係を紡ぎ直すことの難しさを報告しています。しかし，現実がどんなに厳しくても，虐待を減らしていく為には親への継続的な手厚い支援が不可欠です。その支援の1つとして，保育者は子どもだけでなく子育てに悩む親の気持ちも受け止めていくことが

求められます。

「人に愛された子は，人を愛することができる」【2年次の保育実習Ⅰ（乳児院）】

　　実習では3歳児の部屋から入ったのですが，子ども達は少し人見知りをしていました。保育園や幼稚園の子ども達なら駆け寄って来たり，すごく明るい表情をしたりしているのですが，乳児院ではどこか違った感じでした。"抱っこして"とすごく甘えてくる子や，自分の手を噛んで注目をしてもらおうとしている子など様々な表情をしている子がいました。

　　子ども達には担当の先生がいました。先生は，担当の子ども達のために，おもちゃを買ったり洋服を選んできたり，本当の母親代わりになるような愛情を注いで接していました。

　　また0歳児の部屋では，生後5ヶ月の子どもを抱っこしたり，ミルクを与えたりしました。安心して飲めるような抱き方や，その子その子に合わせた飲ませ方など，勉強することがたくさんありました。

　　入浴をしている時，先生に「たくさんの子たちを可愛がって下さいね。愛してやってくださいね」と言われました。「人に愛された子は，人を愛することができる」とも言っていました。

　　乳児院にいる子は，母親がいなかったり，父親がいなかったり，両親がいなかったり，様々な理由で入っている子ども達です。集団生活なので大人を独り占めして甘えたり，好きな物を食べたり，好きな物を買ったりすることも出来ません。それに比べて，私は今までどれだけ幸せだったか，わがままだったか。これからはもっと家族を大切にしていきたい。乳児院に実習に行き，このようなことを教えられました。

　　　　　　　　　　　　　　　　　　　　　　　　　　　　　　　　　　　　【Yさん】

▼「人に愛された子は，人を愛することができる」では，学生は，職員の方から，「人に愛された子は，人を愛することが出来る」ことを教わりました。そして，家族の愛情を受けて育った自分が幸せだった事に気付き，「家族を大切にしたい」と思うようになりました。

　施設での実習では，学生はこれまで自分が生きてきた世界とは違った世界に触れ，価値観や人生観を揺さぶられるような貴重な気付きや学びを体験することがあります。

　②児童養護施設：3歳から18歳までの児童を入所させ，親に代わって育てる施設。形態は，全員が一緒に生活する大舎制から，より家庭に近い形で少人数で生活する小舎制やユニット制やグループホームに移行しつつある。

心の傷　　　　　　　　　　　　【2年次の保育実習Ⅰ（児童養護施設）】

　小学2年生の男の子と楽しく遊んだ後に，お風呂の援助をしてあげようとすると，急に顔色を変え，「出て行け！僕はお姉さんのことが嫌いなんだ！」と服を投げつけられてしまいました。しかし，食事の時や遊ぶ時は，笑顔で元気に接してくれていました。後から職員の方に聞くと，その子は母親にお風呂で虐待を受けていたため，女性の職員や実習生にはそのような態度をとるのだと言っていました。

　普段は元気な子だけれど，心の奥には，私たちが知らないような深い傷があるのだと改めて実感しました。　　　　　　　　　　　　　　　　　　　　　【Aさん】

雨の中の見送り　　　　　　　　【2年次の保育実習Ⅰ（児童養護施設）】

　実習に行った施設に，5才になるA君という男の子がいました。A君は言葉使いが悪く，とても乱暴な子でした。ある日，A君が自分より小さいBちゃんに対して砂をかけたり暴力を振るったりしている現場を目にして，私はA君を注意しました。すると，A君は激しく怒って，私に「うるさい，死ね」と言って，全く話を聞こうとせず，その場から逃げ出しました。私はA君とじっくり話をしようと思い，追いかけてA君に必死に言葉を掛けました。しかし，A君は側にあった窓ガラスを指差して，「ガラスでお前のこと殺してやる」と言いました。私は5才の子どもからこのような言葉が口に出ることにとてもショックを受け，実習で初めて泣きました。その場は，施設の先生が間に入り収まりました。

　それからも，私はその言葉が胸に引っ掛かっていましたが，A君にはいつもと変わらずに接して，A君が甘えてくる時はうんと甘えさせて，できる限りA君との距離を縮めていこうと努力しました。

　実習最終日，玄関で子ども達に見送られて施設を後にした時，雨の中A君が私を外まで見送ってくれました。「雨だから中に入ったほうがいいよ」と言っても，黙ってずっと私が見えなくなるまで手を振ってくれました。その姿に，自分の気持ちが少しでもA君に伝わったのかなと思い，胸がいっぱいになりました。　　　　【Iさん】

安心して眠る　　　　　　　　　【2年次の保育実習Ⅰ（児童養護施設）】

　私が行った施設の幼稚園児達は，普段は元気に明るく遊んだりしていますが，ひとつの場面だけ辛い過去を表す時がありました。それは，寝る時です。子ども達は，寝る時になるとしきりに人の肌を求め，寄り添う職員の方や隣にいる子の手や足を必死に掴んで寝ていました。

愛情を受けず，安心して眠ることのできなかった子ども達に，正しい愛情を注いであげることが，施設の職員の仕事なのだと感じました。　　　　　　　　　　【Ｉさん】

▼児童養護施設で暮らす子どもの中には，心の奥に深い傷を持っている子がいます。**「心の傷」**に出てくる男の子は，普段は元気に振る舞っているのに，学生がお風呂の援助をしようとすると激しく抵抗しました。理由は，以前母親にお風呂場で虐待を受けていたからです。学生は，普段は元気な子ども達がふと見せる混乱した姿に，子ども達の心の傷の深さや，その傷を癒すことの難しさを突き付けられます。それでも，富田富士也氏（1995）が指摘しているように，「人間関係で傷付いた心は，人間関係でしか癒せない」のだと思います。誰かが子ども達の辛い気持ちに寄り添い続けることで，少しずつ不安が安心に，不信が信頼に変わり，心の傷が癒されていくのだと思います[注1]。**「雨の中の見送り」**では，学生に暴言を吐いていたＡ君が，実習最終日に雨に濡れながら学生を見送りました。学生が，乱暴な言動の奥にあるＡ君の辛い気持ちを受け止め続けたから，両者の気持ちが繋がったのだと思います。**「安心して眠る」**も，人と繋がることで夜の寂しさや不安を乗り越えようとしている子ども達の姿を報告しています。

　児童養護施設には，親から虐待を受けた子どもが沢山入所しています。虐待を受けても子ども達は親が大好きで，学生は親子の絆の強さを思い知らされます。そして，実習生として，親にはなれないけれど，親代わりとなって子どもに尽くす役回りに気付かされます。

お母さん代わり　　　　　　　　　　【２年次の保育実習Ⅰ（児童養護施設）】
　実習中に，いつも話し掛けてくれる小学４年生の女の子がいました。実習が始まってすぐの時は，いつも「ばーか，ばーか」と言ってきました。しかし，日が経つにつれて，その行動が甘えに変わってきました。今思えば，初めの暴言は私を試していたのかもしれません。
　後でその子と話をしている時に，もう何年も親と会っていないと言っていました。反省会で先生にその話をすると，今は落ち着いているけど，去年くらいまでは，毎晩お母さんの写真を見て泣いていたと教えてくれました。普段の彼女が明るかっただけに，私はショックを受けました。子ども達が施設にいる理由は様々ですが，みんな家

族の事が大好きで，いつでも会いたいと思っているのだと感じました。

　それから，私が実習中に出来ることは子ども達のお母さんの代わりになることだと思い，子ども達とたくさん話をするようにし，甘えたい時には，それを受け入れるようにしました。

　最終日が近付くにつれて，子ども達からも話し掛けてくれるようになり，私を受け入れてくれたのかなと思い，嬉しくなりました。　　　　　　　　　　　　【Kさん】

おっぱいの思い出　　　　　　　　　【2年次の保育実習Ⅰ（児童養護施設）】

　5歳児のA君が，私に「おっぱい見せて」と言ってきました。初めはびっくりしたのですが，お母さんのおっぱいを思い出して私に甘えているのだろうと思い，「おっぱい好き？」と聞くと「うん，お母さんみたいだから好き」と答えてくれました。何て言ってあげたらいいか分からなかったのですが，「そっか，A君がお母さんのこと大好きだから，お母さんもA君のこときっと大好きだよ」と言って，A君を服の中へ入れてあげました。すると，おっぱいを触りながら，A君は涙を流して寝ていました。

　気持ちに添った言葉掛けは出来なかったかもしれないけれど，寂しい気持ちを少しは満たすことができたかなと思いました。　　　　　　　　　　　　　【Aさん】

▼**「お母さん代わり」**では，子どもの暴言が試し行動であることに気が付いた学生は，母親代わりとして子ども達の甘えを受け入れました。**「おっぱいの思い出」**は，母親のぬくもりを求めているA君の寂しい気持ちを，学生は母親に代わって満たしてあげました。学生の勇気ある行動には頭が下がります。子どもの為にどれだけ尽くせるか，私達の決意が問われているのだと思います。

本当の家族　　　　　　　　　　　　【2年次の保育実習Ⅰ（児童養護施設）】

　一人ひとりいろいろな悩みを抱えてこの施設に入所し，その7割は虐待を受けている事を知りました。

　実習中に中学生のK君が施設を離れ親元で暮らすことになり，お別れ会がありました。K君は幼児さん達にとってはお兄さん的存在でした。お別れ会で幼児さんは，一人ひとりK君に挨拶をしました。子ども達はK君がもう施設にはいなくなることをちゃんと理解していて，一人ひとりK君に抱っこしてもらい，泣いている子もいました。施設であっても，子ども達にとっては，ここが家で，お兄さんやお姉さんが本当の家族なのだと知り，とても感動しました。　　　　　　　　　　　【Tさん】

二人のお母さん　　　　　　　　　【2年次の保育実習Ⅰ（児童養護施設）】

　私は実習に行くまで，児童養護施設では家族とは程遠いような集団生活を送っているのかと思っていました。しかし，私が行った施設は疑似家族を目指し，4～6人の子どもに対して職員2名（できるだけ男性1名と女性1名）でユニットが構成されていました。お母さん役の女性職員がご飯を作り，みんなで食べて，「行ってらっしゃい」と学校に見送り，夜も同じような生活をしていました。

　私は男の子達のユニットに入りました。中学生と高校生の子は，「この生活に満足しているんだ」「みんな優しくて家族のようだ」と話してくれました。しかし，小学生のH君の答えは違いました。夜寝る時「寝るまでここにいて」と言われ部屋にいると，H君は「お母さんが二人いるんだ」と話してくれました。「僕を生んでくれたお母さん，それから僕を育ててくれているお母さんの職員のMさん」と教えてくれました。「僕は本当のお母さんとは一緒に暮らせないけど，職員のMさんが大切に育ててくれるから幸せなんだよ」と言って，H君は眠りにつきました。

　職員の存在の大きさと，自分の立場を考えているH君の複雑な気持ちを知りました。　　　　　　　　　　　　　　　　　　　　　　　　　　　　　　　　　　　【Eさん】

▼ **「本当の家族」** は，たとえ血は繋がっていなくても，施設で一緒に生活する中で心が繋がれば新しい家族が形成されることを伝えています。また，**「二人のお母さん」** は，施設の職員が実の親と同等またはそれ以上の存在になりうることを示唆しています。これらのエピソードは，施設の存在意義や施設の仕事のやりがいを学生に教えてくれます。

家事　　　　　　　　　　　　　　　【2年次の保育実習Ⅰ（児童養護施設）】

　施設のイメージは，子ども達は暴言を吐く，無視をするといったマイナスイメージでした。でも，実際はみんな優しくて，人懐こい子ばかりでした。また，子ども達は，心にも体にも傷を持っていて，すごく寂しがり屋の子ばかりなのだと感じました。

　実習内容は，ほとんど家事でした。いつものように掃除をしていると，担当の先生に「雑用でごめんね。だけど，掃除をすることは，ここではとても大切な事なの。子ども達がここに来る前の生活は，掃除も洗濯もご飯の準備もしてもらえなかった子ばかりなの。だから，私達がしっかり家事をすることで，子ども達に『自分は大切にされている』と感じてもらい信頼関係が築けるんだよ」と言われ，すごく考えさせられました。それと同時に，子ども達の過去の現実を聞いて胸が痛くなりました。

　　　　　　　　　　　　　　　　　　　　　　　　　　　　　　　　　　　【Sさん】

感謝の気持ち　　　　　　　　　【2年次の保育実習Ⅰ（児童養護施設）】

　　実習最終日にいつも通りトイレ掃除を行っていると，K君（5歳）が入ってきて「実習生，今日で最後なの？寂しいな…また会いに来てね。いつも洗濯物とかお掃除とかやってくれてありがとうね」と言ってくれました。

　　K君は普段，「死ね，バカ，見てんじゃねえよ！実習生のくせに……」などと暴言を吐いたり，近付くと振り払うといった乱暴をしたりしたので，対応に悩んだ時もありました。しかし，「ありがとう」という言葉を聞いて，私がやってきた事が無駄になっていなくて，K君に何らかの影響を与えられたのではないかなと思いました。また，「ありがとう」という言葉がどれだけ大切な言葉なのかが身に染みて分かりました。私はその言葉によって元気づけられ嬉しい気持ちになりました。

　　普段どんなに酷い言葉を言っていても，心の中には感謝の気持ちがあり，それを言葉に出来ないだけなのだと思いました。それなのに，最後にわざわざ私の所に言いに来てくれた事に感動し，心が温かくなりました。　　　　　　　　　　　　【Nさん】

▼「家事」は，炊事や掃除や洗濯といった家事が，これまで当たり前の世話を親から受けてこなかった子ども達にとって大切な意味を持つことを伝えています。子ども達は家事をしてもらうことを通して，自分が大切にされていることを実感します。福田雅章氏（2012）は，「施設の仕事の本質は，子どもにとって信頼のおける大人（職員）と共に当たり前の生活を享受することである。また，子どもが家族と離れて施設で生活するということは，当たり前の生活（家庭のありよう）を学ぶことでもある」と述べています。**「感謝の気持ち」**では，実習中乱暴な言動が目立った男の子が実習最終日に素直な気持ちを学生に伝えました。家事を通して学生の気持ちが子どもにきちんと伝わったのだと思います。

頼れる家族がいるということ　　　　【2年次の保育実習Ⅰ（児童養護施設）】

　　児童養護施設に実習に行き，11日間ずっと宿泊していたことや子どもとの関係で悩み，精神的にかなり辛く，何度も母や姉にメールをしていました。私の悩みを聞いてくれて，励ましてくれる家族にとても助けられました。

　　しかし，実習が終わり，家族に実習中の様々な出来事を話している時，母に「お母さんがいて良かったでしょ」と言われ，ハッとしました。実習中，私は辛い時には家族に味方になってもらい，助けられていました。でも，施設の子ども達はそれが出来ないのだと，改めて気付かされました。

　　私は自分が弱っている時に受け止めてくれる家族がいることの喜びを感じると共に，安心して頼れる家族がいない子ども達のことを思うと，とても辛くなりました。そのような子ども達にとって私が支えにならなければいけないのに，そのことを忘れ，ず

っと甘えていた自分を反省しました。　　　　　　　　　　　　　　　　【Kさん】

▼入所施設での実習は，学生も施設に宿泊しながら実習することがあります。これは，入所施設の多くが自宅から離れた場所にあるということにも理由があります。**「頼れる家族がいるということ」**では，学生は実習中の辛い時を家族に支えられて乗り切り，支えてくれた家族に感謝しています。入所施設に宿泊しながらの実習は，辛い事や大変な事もありますが，家族の有り難さを学生に教えてくれます。一方で学生は，頼れる家族がいない施設の子ども達が置かれている厳しい現実を突き付けられます。

③医療型障害児入所施設（旧重症心身障害児施設）：重度の知的障害及び重度の肢体不自由が重複している児童（必要に応じて成人も含む）を入所させ，療育する施設。

ＹＥＳ，ＮＯサイン　　　　【２年次の保育実習Ⅰ（重症心身障害児〈者〉施設）】
　私は重い障碍がある方の施設で実習をさせて頂きました。発声出来る方はほんの一握りで，多くの方は手や目や首の動きで「ＹＥＳ」や「ＮＯ」の意思を表していました。
　利用者の方の伝えたいことを受け取ることが出来るまで，何度も「〜ですか？」と問い掛け，"ＹＥＳ"という反応が見られると，気持ちを通わせることが出来たのかなととても嬉しくなりました。
　入浴介助の日，着衣介助をしていたところ，Ａさんはパンツはすんなりはいてくれたのですが，上の下着は着させるととても嫌がって脱いでしまいました。どうしてなのかなと思い，職員の方と一緒に声掛けをしましたが，Ａさんは「うーん」と声を出しているだけでした。そこで，違う色の下着がいいのかなと思って，「何色がいいですか？」「青？白？ピンク？」と聞くと，「ピンク」で頷いてくれました。その時のパンツがピンクだったので，同じ色の下着が良かったようでした。
　Ａさんの女性らしい気持ちに触れることができ，嬉しく思いました。　【Hさん】

▼重症心身障害児〈者〉施設での実習では，最初学生は重い障碍に目を奪われてしまいますが，実際に係わるうちに，何も出来ないと思っていた利用者の方達が，表情や声や微かなサインで気持ちを表現していることに気付きます。そして，利用者の方の内面の気持ちに触れることで，自分達と何ら変わらないと見方を変えることが出来ます。
　「ＹＥＳ，ＮＯサイン」では，重い障碍がある方が，「ＹＥＳ」「ＮＯ」サインで気持ちを表す様子が紹介されています。Ａさんは話すことが出来なくても，問い掛けに頷くことで気持ちを伝えました。「ＹＥＳ」「ＮＯ」サインは，問うてくれる人がいなければ成り立ちません。学生達がしたように，気持ちを探して問い続けることが大事なのだと思います。
　どんなに障碍が重くても，人としての尊厳を持って自分らしく生きたいという気持ちは誰

第2章　実習における学び　*31*

にでもあります。私達がその事に気付いて，利用者の方の心を丁寧に受け止めながらその生活を支えることが大切なのだと思います。

病院での保育士の役割　　　　　【2年次の保育実習Ⅰ（医療型障害児入所施設）】

　私は施設実習で病院へ行きました。その施設では重度の知的障碍と身体障碍を併せ持った方々が入所していました。ほとんどの利用者さんは身の回りの介助が必要な方々で，ベッドに横になっていました。呼吸器をつけている方もいるので，２４時間保育士と看護師がいなければなりません。そのため，たくさんの職員が交代で勤務していました。

　私は，病院となると看護師がメインになるのだろうと思っていました。しかし，様々な介助は，看護師と保育士とで協力して行っていました。朝の活動や誕生日会，季節の行事などは，保育士が中心となって行っていました。利用者さんのやりたいことをやるのは難しいけれど，保育士や児童指導員の方達は，このような活動を通して利用者さんが笑顔になれるよう係わっていました。

　利用者さんは年配の方々が多かったので，何故そのような活動が必要なのか疑問に思いました。職員の方に聞いたら，「ここに入所している利用者の方は，小さい頃から病院に入っている方がたくさんいます。その方が小さい頃に体験することができなかった活動を，今からでも行うことが私達保育士の役割だと思って行っています」と教えて下さいました。

　今までは何故病院に保育士が必要なのか疑問に思っていましたが，利用者さんの気持ちを細かいところまで汲み取っている様子を見て，病院での保育士の役割の大切さを感じることができました。　　　　　　　　　　　　　　　　　　　　　【Ｔさん】

▼「病院での保育士の役割」は，病院に併設された施設で利用者の方を支援することの意味が語られています。重い障碍ゆえに利用者の方が出来ることは限られていますが，内面には私達と変わらぬ様々な思いや願いがあります。何かを出来るようにすることだけが支援ではなく，表情やわずかな動きから気持ちを汲み取って，その思いを満たしてあげることもまた大切な支援になります。周囲が利用者の方の気持ちを丁寧に汲み取り，その思いや願いの実現をお手伝い出来れば，利用者の方の笑顔を見ることが出来るのだと思います。

　④児童発達支援センター（旧知的障害児通園施設など）：障碍がある児童を通所させ，児童やその家族の支援を行う施設。

小さな変化に感動　　　　　　【2年次の保育実習Ⅰ（児童発達支援センター）】

　施設実習に行く前は，どう係わったらよいのか分からず不安がありました。しかし，

実際に係わってみるとみんなとてもかわいらしく，不安を感じていた自分が恥ずかしくなりました。

　私の実習したクラスは，肢体不自由のある子ども達のクラスでした。子ども達に声を掛けても言葉が返ってくることはなく，反応も乏しかったです。最初のうちは，毎日同じことの繰り返しで，私や先生方の一方的な係わりだと思っていました。しかし，何日も係わっていくうちに，私の考えは間違っていると感じました。子ども達は，私達の声掛けに対して手や足で反応したり，動かすものを目で追ったりしました。歩行の練習では，少しの距離ですが進める距離が伸びました。私が勝手に毎日同じだと思い込んでいただけで，本当は毎日変化していました。大きく目立つ変化ではないけれど，少しずつ成長する姿を見ることができ，私にとって嬉しく，感動でした。

【Sさん】

▼「小さな変化に感動」では，最初学生は障碍に目を奪われ，子ども達は反応が乏しく毎日同じだと思っていました。それが，毎日係わるうちに，子ども達の小さな反応や成長に気付き，それを嬉しく感じられるようになりました。

　実際に子ども達と係わる中で，学生は自分の偏った見方に気付き，次第に子どもの真の姿を見ることが出来るようになっていきます。障碍がある子ども達が私達に多くの事を教えてくれます。

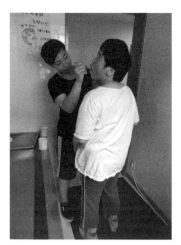

歯磨き介助
障害者支援施設で保育実習Ⅰ

歩行を支える
児童発達支援センターでの保育実習Ⅰ

⑤**障害者支援施設**（旧知的障害者更生施設など）：障碍がある人に対して，障碍福祉サービスを行う施設をいう。障害者自立支援法の成立に伴い知的障害者授産施設や知的障害者更生施設の多くが移行。

身振りの意味　　　　　　　　【2年次の保育実習Ⅰ（障害者支援施設）】

　Nさん（18歳）は言葉を発することが出来ませんでした。その為，指差しや身振りや表情で自分の感情や気持ちを伝えていました。

　実習時，Nさんが手で花の様な形を作り，私に何かを伝えてきました。最初は花について話をしたいのかなと思い，「お花が好きなのですか？」と問い掛けたのですが，首を横に振り怒った様子で行ってしまいました。その後，何度もこのようなことが続きました。私はNさんが何を伝えたいのか分からず，気になってNさんの様子をよく観察することにしました。

　ある日，Nさんは色々な幼児曲が流れるおもちゃを持って楽しそうに音楽を聞いていました。その時私は，Nさんが「チューリップ」の曲を何回も繰り返して聞いていることに気付きました。あの表現は「チューリップ」の歌を示しているのではないかと考えました。そして，手で花の様な表現した時に「チューリップ」の歌を歌ってみると，Nさんは笑顔で頷き，嬉しそうに歌を聞いてくれました。

　言葉のない利用者さんとコミュニケーションを取り，係わることの難しさを学びました。同時に，気持ちを受け取ることが出来た時の喜びや感動も知りました。

【Sさん】

▼障害者支援施設の利用者の方の多くは，学生よりも年上です。ですから，学生はこれまでの実習とは違って目上の方に対する丁寧な言葉遣いや対応が求められます。

　利用者の方の中には言葉を流暢に話す方もいれば，言葉が苦手な方もいます。学生は最初言葉が苦手な利用者の方とのコミュニケーションの取り方に悩みますが，やがて気持ちを伝える手段として身振りや絵や文字等様々なコトバがあることに気付きます。

　「身振りの意味」は，なかなか理解出来なかった利用者の方の身振りの意味が分かった時の喜びを伝えています。すぐには分からなくても，分かろうとする姿勢が大事なのだと思います。

温かい言葉　　　　　　　　　【2年次の保育実習Ⅰ（障害者支援施設）】

　利用者さんのYさんは，3年前に両親を亡くされていました。ある日，Yさんは共有スペースにお父さんの写真を持ってきて，「Yのお父さん」と私に写真を見せながら「寂しい」と言って泣いてしまいました。私が泣いているYさんを抱きしめていると，それを聞いていた周りの利用者さんが「私が面倒みてあげるから」「大丈夫，私

達がいるでしょ」「笑っているYさんが可愛いよ」などと，Yさんに励ましの言葉を掛けてくれました。Yさんは何も言いませんでしたが，周りの皆の手を握り，少し笑顔になりました。

　利用者さん同士でこうして支え合い，励まし合って過ごしている場面を見ると，家族のように思えました。とても温かかったです。　　　　　　　　　　【Kさん】

▼「温かい言葉」は，障碍者施設で暮らす利用者の方達が，家族のように支え合って生活している様子を報告しています。たとえ家族と一緒に暮らしたいという願いが叶わなくても，新しい家族を作ることで癒される寂しさもあるのだと思います。人は人と繋がり，支え合って生きています。家族との別れは悲しいけれど，施設での仲間との繋がりが新たな生きる支えになるのだと思います。

働く楽しみ　　　　　　　　　　【2年次の保育実習Ⅰ（障害者支援施設）】
　私が実習をさせて頂いた施設は，年配の方が多い所でした。障碍を持っている方も私達と同じように，年を取ってきたら腰が曲がってきたり，おむつを着けるようになったりします。「私達だったら年を取ったら家でのんびり生活すればいいけれど，利用者さんは毎日毎日作業場へ来て自分の作業をしなければならない。だから，年配の利用者さんはかわいそう」と職員さんは言っていました。「だけど，作業場に来ることで，職員さんやみんなに会えたり，時々レクリエーションやドライブをしたりできるので，そういう中で利用者さんにたくさん楽しんで生活してほしい」とも話していました。

　利用者さんは，私が来ることも毎日喜んでくれて，私と生活することをとても楽しみにしてくれました。それで，私も利用者さんが喜び，楽しんでくれたらと思い，実習を毎日楽しみながら行うことができました。本当にみんな温かい人ばかりで，とても貴重な体験をすることができました。　　　　　　　　　　【Sさん】

▼「働く楽しみ」は，障碍がある方達がお互い助け合い，教え合って作業をしたり，生活したりしている様子を報告しています。中野尚彦氏（2009）は，障碍がある方が仲間と楽しく働く姿に接して，「働くことで世界とつながる。それが人の働くほんとうの理由だと思う」と書いています。人は仲間と働くことを通して，他の人と繋がり，そこに喜びを見出すことが出来るのだと思います。ですから，施設実習では，利用者の方の作業を支援するだけでなく，利用者の方との繋がりを楽しむことが要求されます。

同じ人間　　　　　　　　　　　【2年次の保育実習Ⅰ（障害者支援施設）】

　私はこれまで障碍を持った方と係わったことがなく，施設実習で初めて係わることができました。実習に行く前は，正直なところ嫌だなとかきちんと係われるかなという気持ちが強かったのですが，実際に利用者さんと係わっていくうちに，一人の人間として利用者のみなさんと親しく係わることができるようになりました。

　実習最終日，最後の挨拶をした時に泣いてくれた利用者さんや，言葉が上手く話せなくて身振り手振りで"カナシイ"と必死に伝えている方の姿を見て，私も涙が出てきました。

　私は障碍を持った方を怖いと思っていました。そう思っている事を知らずに，温かく私と接してくれた利用者さんに，とても申し訳ない気持ちでいっぱいになりました。人間はみんな同じでしっかり生きているということを忘れないで，これからもいろんな人と係わっていきたいと思いました。　　　　　　　　　　　　　　【Yさん】

▼「同じ人間」は，実習に行く前と後の障碍がある方に対する見方や考え方の変化を報告しています。学生達は，実習に行く前には障碍がある方に対して偏見や差別の感情を持っています。施設実習を前にして，学生達からは「施設に行くのが嫌だ」「障碍がある方と係わったことがないから不安だ」といった声が聞かれます。それが，実習から帰ってくると，多くの学生が「施設実習は楽しかった」と言います。これは，実際に障碍がある方と係わることで，障碍がある方の内面の優しさや明るさや純粋さなどに触れ，これまでの表面的な偏った見方を改めることが出来たからだと思います。

小さな反応を喜ぶ　　　　　　【2年次の保育実習Ⅰ（知的障害者更生施設）】

　私が実習させて頂いた棟は医療棟とも言われ，病気と障碍を持った方々が利用していました。利用者のほとんどの方が老人でした。言葉を話せたり，一人で歩けたりする利用者の方は少なく，ほとんどの方が介助が必要でした。職員の方や私の声掛けを理解できる人も少なかったです。それで，コミュニケーションをどう取ったらいいのか，どのようにして利用者の方の事を知っていったらいいのか分からなくて惑いました。

　ですが，利用者の方の返事や反応がなくても，職員の方々は何をするにも声を掛けていました。それを見て，私も利用者の方にたくさん声を掛けました。すると，声を出して反応してくれたり，私の手と自分の手を合わせてパンパン鳴らしたり，私の近くに来てくれたりと，その人によって一人ひとり違う反応を返して下さるようになりました。身体を動かすことが大変な状況の中で小さな反応でも精一杯返して下さる利用者の方の姿に接して，少しだけ利用者の方と気持ちが通じ合えたと感じることが出

36　第1部　実習での学びの共有

来，とても嬉しくなりました。
　また，"生命維持"という言葉をとても近くに感じて，少し怖くなりました。でも，生きるというだけでも，すごい事なのだということが分かりました。命を大切にしようと思いました。今までにした事がない経験を本当にたくさんすることができました。　　　　　　　　　　　　　　　　　　　　　　　　　　　　　　　【Yさん】

両親に「ありがとう」と伝える　　【2年次の保育実習Ⅰ（知的障害者更生施設）】

　Mさん（20歳）は下半身が不随でしたが，私と一番歳が近く，実習中たくさん話をしました。毎週金曜日になると家に帰り，日曜日の3時には施設に帰ってくるそうでした。
　「施設に入所して2年近くなるけれど，やはり家が恋しくなり，涙が出ることもある。休みの日に両親と出かけると同じ世代の女の子が楽しそうに友達と歩いていたり，彼氏と歩いていたりするのを見ると，悲しくなる」という話を聞きました。私はそれを聞きながら涙を流してしまいました。
　「泣かせてごめんね」と彼女は笑って言っていましたが，私が思ったことは，今まで自分がどんなに恵まれていたか……ということです。毎日家族の顔を当たり前に見ることができて，帰る場所があって，普通に街を友達や彼氏と歩くことができる自分がいる。ホームシックになっていた私が情けなくなってしまいました。
　世の中にはこのような思いをしている人もいるのだということを知り，今私が生活しているのは，当り前なことではなく，幸せなことなのだということを学びました。実習が終わり家に帰り，両親に「ありがとう」と伝えました。　　　　　　【Hさん】

▼**「小さな反応を喜ぶ」**では，学生は，重い障碍を背負った方達の小さな反応を喜び，「命を大切にしよう」と思いました。たとえ反応は小さくても，学生は利用者の方の気持ちに触れることが出来たから嬉しかったのだと思います。**「両親に『ありがとう』と伝える」**では，学生は，不自由な生活を強いられている利用者の方の辛い気持ちに接して，何不自由なく生活している自分の幸せに気付き，両親に「ありがとう」と伝えました。
　いずれのエピソードも，子ども達や障碍がある方達が学生を一回り大きく育ててくれるということを示しています。実習，特に施設実習では，学生はこれまで自分が生きてきた世界とは違った世界に触れ，価値観や人生観が変わる程の貴重な体験をすることがあります。

人の為になる　　　　　　　　　　【2年次の保育実習Ⅰ（障害者支援施設）】

　実習中，ある利用者さんに「もうお母さんのところに行きたい。死にたい」と言われました。私は，何を言ったらいいのか分からず，ただ聞くことしかできませんでし

た。その方はずっと私の所に来て、いろいろなお話をしてくれました。アルバムを見せてくれ、「これは○○行った時で、これはこんなことがあってね〜」など、たくさんのお話をしてくれました。

実習最終日に、その方の所へ行き、「ありがとうございました」と折り紙をプレゼントすると、泣いて「頑張ってね」と言ってくれました。そして一生懸命書いた手紙をくれました。手紙には『辛いこと、悲しいこと、いろいろあったけど、Sさんのおかげで元気がでました』などと書いてあり、こんな私でも少しは人の為になれたのかなと感じ、嬉しく思いました。　　　　　　　　　　　　　　　　　【Sさん】

▼「人の為になる」では、学生は利用者の方から感謝の気持ちを受け取って、人の為に働く仕事の魅力に触れました。これまでどちらかと言うといろいろな面で支援を受ける側にいた学生にとって、実習を通して子どもや利用者の方から感謝の言葉を受け取ることは、自分もまた支援する側に立てることを予感させてくれる嬉しい体験なのだと思います。実習は、保育者の仕事が、子どもや障碍がある方との繋がりを通して共に成長していける素晴らしい仕事であることを教えてくれます。

注1　虐待を受けた子の心のケアとその親への支援については、拙稿「特別な配慮を必要とする児童及びその家庭に対する支援」（小竹、2016）も併せてご参照下さい。

楽器を楽しむ
障害者支援施設での保育実習Ⅰ

車椅子で散歩をする
障害者支援施設での保育実習Ⅰ

（5）2年次の保育所での保育実習Ⅱまたは施設での保育実習Ⅲ

保育実習Ⅱを選択した学生は、保育所で11日間実習します。保育実習Ⅲを選択した学生は、保育所以外の障碍がある子ども達の施設等（巻末資料　実習した施設の種別参照）で11日間実習します。

保育実習ⅡまたはⅢでは、保育実習Ⅰの経験を踏まえて、保育士の助言を受けながら積極的に子どもと係わることが期待されます。また、部分実習や責任実習を通して、子どもに適

38 第1部 実習での学びの共有

した指導・支援案を主体的に立案し，それを臨機応変に実行することが期待されます。更に，子どもと係わるだけでなく，保護者に対する支援についても学ぶことが期待されます。

　保育実習Ⅲでは，多くの学生は施設での実習に対して漠然とした不安を持っていますが，実際に実習に行くとこれまで知らなかった世界に触れ，学びを広げることが出来ます。また，たとえ障碍があっても，これまでと同じように言葉にならない気持ちをくみ取り，子ども達の側に立とうとする姿勢が大事であることに気付かされます。

　ここでは，実習を重ねるにつれ，子ども達の気持ちを見て，子どもを肯定的に理解出来るようになっていった学生の姿を，エピソードを通して紹介します。

子ども達と同じことをする　　　　　　【2年次の保育実習Ⅱ（保育所）】

　ある日プールに入りましたが，私は水着を持っていなかったのでプールには入らず，周りで遊んでいる子と一緒に遊んでいました。水遊びをしていた時，私は最初あまり濡れないように遊んでいました。水から逃げる私を見て，子ども達は気を使って水がかからないようにしてくれました。その姿を見て，とても優しいなと思いましたが，それは何か違うなと思いました。

　そこで，濡れることを気にせず遊んでみると，それまであまり係わることのなかった子がその子から係わってきてくれ，他の子ども達も一層楽しんでくれている様子が見られました。私自身も，一緒に濡れたり泥の中に入ったりすることで，想像とは違う感触だったことを知ったり，子どもと同じ気持ちを共有したりすることができました。

　子ども達と一線を引かず，一緒に同じことをすることで，より子どもの気持ちを知ったり共感したりしながら距離を縮めることができるのだと感じ，これからもその事を大切に心掛けていこうと思いました。　　　　　　　　　　　　　　　【Sさん】

▼「子ども達と同じことをする」で学生は，子どもの水遊びを見守るだけでなく，自ら水遊びに参加することで，子どもとの距離を縮めることが出来ました。子どもがしていることを同じようにやってみることで，子どもが何を感じ何を楽しんでいるのかを知ることが出来ます。また，子ども達は，自分達の遊びを一緒に楽しもうとする大人を仲間として歓迎してくれます。

　このエピソードが示唆しているように，子どもを外から見るのではなく，子ども達の中に入り，子どもと共に生きようとすることで，子どもの心に触れることが出来るのだと思います。

隠れた心　　　　　　　　　　　　　【２年次の保育実習Ⅱ（保育所）】

　実習で，私は３〜５歳児クラスに入りました。そこでまず戸惑ったのは，私に対して攻撃的な言葉を言い，殴ったり蹴ったりする子ども達がいたことです。初めは嫌われているのかなと不安になりましたが，それでも私は挨拶をして話し掛けるように努めて過ごしました。

　ある日給食で移動する際に，壁にもたれて泣いているＫ君（５歳）が目に留まりました。他の子ども達が皆移動しても，Ｋ君はその場を動こうとしません。私は「どうしたの？」と声を掛け，頭を撫でながらしばらくその子に付き添うことにしました。Ｋ君は私を見る度に攻撃的な態度を取っていた子ども達のうちの一人なのですが，その日をきっかけに，私に甘えてくれるようになりました。

　他の子ども達にも共通すると思いますが，嫌いだからではなく，素直に気持ちを表現出来ない為に攻撃的な行動を取っていたのだと気付きました。大切なのは，どんな子どもでも正面から係わり合おうとする姿勢なのだと思いました。　　　　　　【Ａさん】

嬉しい発見　　　　　　　　　　【２年次の保育実習Ⅲ（知的障害児通園施設）】

　Ｓ君（４歳）は，弱視の男の子です。Ｓ君は光と音の出るおもちゃが大好きです。近くに大好きなおもちゃがあると，自分の足を使って音の出る方向を考えておもちゃを探します。Ｓ君は目が不自由な分，耳がとても良いのです。

　ある日，Ｓ君と散歩に出かけました。Ｓ君は上手に歩行器を押して歩きます。車の走る音によく反応して，声を出して嬉しそうに笑います。そしてまた歩き出したのですが，突然真剣な顔をしてＳ君は立ち止まりました。私は，どうしたのかと心配し，「Ｓ君どうしたの？」と問い掛けました。しかし，Ｓ君は声も出さず，何かを探しているように見えました。そのため，私も声を出さず，Ｓ君と同じ方向を向いたり，耳を澄ましたりしました。すると，遠くからピアノの音がかすかに聞こえました。音のする方へ近付いてみると，少し離れた家から聞こえてきたものでした。私が「Ｓ君，ピアノの音がするね。あのお家から聞こえるみたいだよ。きれいな音だね」と伝えると，嬉しそうに笑っていました。

　普段私達が気にしないような音もＳ君にとってはとても興味のあることであり，嬉しい発見なのだとＳ君に教えてもらいました。　　　　　　　　　　　　【Ｎさん】

▼学生達は一見不可解な子どもの行動に大切な気持ちが隠されていることに気付きました。
「隠れた心」では，乱暴な言動の奥に甘えたい気持ちが隠されていることに学生は気付きました。気持ちに気付いたことで，それまで乱暴な子と否定的に見ていたその子を見る目が優

しい目に変わりました。**「嬉しい発見」**では立ち止まる行動に理由があることに学生は気付きました。初めは不思議に思えた子どもの行動にも，繊細な感性や嬉しい気持ちが隠されていました。

　障碍があるなしに関係なく，子ども達は言葉で表現出来ない気持ちを行動や表情で表現しています。学生は実習を通して，子どもの行動の奥にある気持ちを見る目を育てます。そして，子どもの気持ちに気付くことが出来た時，子どもとの関係が深まり，実習がより豊かで楽しいものになります。

実習巡回　　　　　　　　　　　　　　**【2年次の保育実習Ⅲ（児童デイサービス）】**

　高校生のA君は，テーブルに登ることとトイレに行くことが好きでした。私は，A君がテーブルに登ると「危ないから，降りてね」，A君がトイレに行こうとした時は「さっき，トイレ行ったでしょ」と声を掛けていました。何回言っても，A君には私の声は届いていないように思っていました。

　ある時，実習の巡回で小竹先生が来ました。A君は男の人が好きなので，小竹先生が来ると，とても嬉しそうでした。A君と私の係わりを見ていた小竹先生は，「否定や注意ではなく，肯定してあげる声掛けをした方がいい」と助言を下さいました。また，「否定されている時は，A君の表情が，寂しそうな，悲しそうな顔をしている」と言われました。

　私は，その時は全く分かりませんでしたが，次の日からA君に対する声掛けを変えてみました。いつもは「危ないから，降りてね」という声掛けも，「椅子に座ろう」と声掛けするようにしました。すると，A君は，いつもはテーブルから降りてくれないのに，素直に降りてくれました。トイレに行くのには付き合ってみるようにしました。トイレの床に寝転ぶので，「床つめたくて気持ちいいね」などと声掛けをするようにしました。すると，少し経つと自分でトイレから出て行くようになりました。前は無理矢理トイレから出す形だったので，びっくりしました。

　私は，小竹先生が来るまでA君の行動にしか目が行っていなかった事に気付きました。A君の気持ちに目を向けることで，信頼関係が生まれるのだと思いました。言葉一つひとつが大切で，その言葉を間違えてしまうと相手を傷つけてしまう事が分かりました。これからは相手を温かくできる声掛けをしたいです。　　　　　　**【Ｉさん】**

▼実習期間中に，養成校の教員が分担して必ず一度は実習先を訪問し，学生の相談に乗ったり，必要に応じて助言したりします（実習巡回指導）。**「実習巡回」**では，巡回時の私の助言を学生はきちんと受け取ってくれ，更に自分で考えて子どもとの係わりを発展させました。実習を通して，学生は対応に悩むことがたくさんあります。その悩みを自ら解決出来た時，学生は新たな見方や対応の仕方を学んだことになります。

第2部　心が育つための支援

　人は，自分の気持ちを誰かに受け止めてもらうことで，安心や信頼や自信といった心を育てることが出来ます。
　第2部では，子どもや障碍がある方の心が豊かに育つために保育者として大切にしなければならない見方や係わり方を，様々なテーマの下に学生達のエピソードから探ります。

第1章　信頼関係を築く

第1節　味方になる

　人は辛い苦しい状況にあっても，誰か味方になってくれる人がいると，その人を支えにして立ち直り，変わることが出来ます。子どもや障碍がある方が困難な状況にある時こそ，保育者は子どもや障碍がある方の気持ちに寄り添い味方となって応援することが求められます。

　津守真氏（2001）は，他の子に噛み付くことが幼稚園で問題になっていた子どもの話の中で，「除け者にされる子どもの側に誰かが一生懸命立つことで，その子は周囲が自分の事を分かってくれようとしている，自分と一緒に何かやってくれようとしていることが分かった時に，変わっていける」と語っています。以下の学生達のエピソードも，誰かが味方になってあげることで，人は立ち直り，変わることが出来るという事を示唆しています。

存在を受け入れる　　　　　　　　　　【2年次の保育実習Ⅰ（児童養護施設）】

　寝る時間になり子ども達の背中をトントンしている時に，Mちゃん（１０歳）が「あたしって生きていていいのかな？みんなあたしのこといじめるし，守ってくれる人いないし，死んだ方が楽だよ」と泣きながら話してきました。何でここに来たのか自分でも理由は知っていると聞かされていたので，子どもの口から実際に「死にたい」という言葉を聞き，私は胸がとても痛みました。

　その夜はたくさん泣きました。何て言葉を掛けて良いのか分からず，ただ抱きしめることしかできませんでした。どうして自分の子どもを虐待するのか私には全然分かりません。子ども達は親からひどいことをされてもやっぱり親のことが大好きだということを知り，何ともいえない気持ちになりました。

　眠る前に「あたしが生きていてもいいと思っている？」と聞いてきた時，「当たり前でしょ。あたしはMちゃんのこと大好きだから」と言ってあげると，「良かった」と言いながら安心した様子で寝ました。

　この出来事があり，改めてここにいる子ども達の苦しみを考えるようになりました。

　　　　　　　　　　　　　　　　　　　　　　　　　　　　　　　　　　【Sさん】

▼「存在を受け入れる」の中で，児童養護施設で暮らすMちゃんは親から虐待を受け，友達にいじめられ，「死にたい」と学生に打ち明けました。学生は，Mちゃんの辛い気持ちに共感し，一緒に泣き，抱き締めてあげました。また，「大好きだよ」と言ってMちゃんの存在

を認めてあげました。その後Mちゃんは安心して眠りに就いたことから，学生に辛い気持ちを受け止めてもらい，また自分の存在を認めてもらって，Mちゃんは人との繋がりを実感し，また自分の存在に対してささやかな自信を取り戻すことが出来たのだと思います。

カッターを持つ少年　　　　　　　　【2年次の保育実習Ⅰ（児童養護施設）】

　実習初日の夜，小学生を寝かせていたら，突然中学生の男の子がカッターの刃を突き出して部屋に入って来ました。その子はいつもカッターを持ち歩いていて，最初は「怖いな」という印象を持ちました。

　その後，一緒に野球をやったりしてその子と仲良くなりました。ある日その子と遊んでいたら，急に歩道の小学生達にカッターを向けて自転車に乗り始めました。私が「みんなびびっているから，止めなよ」と言うと，「刺さないから大丈夫だよ！　刺したら，ここにいられないから」と言い返してきたので，ちゃんと分かっているんだなぁと思いました。

　その子が早帰りの時，2人で外にいると「何か切りたい」と言い出したので，私は「じゃあ，葉っぱでも切りに行くか」と言いました。たまたま落ちていた栃の実を見つけて，その子はそれを切り始めました。そして栃の実を切りながら現在の気持ちをいろいろ話してくれました。「親と住みたいけど今は住めないから，柔道を頑張って高校の特待生になって，お金がかからないようにして親と住めるようにしたいんだ」と話すのを聞いて，何か感動しました。また，私の将来の仕事の話になり，「この様な施設で働くんだったら俺の担当になってよ」などと言われ，「無理だよなぁ」と答えましたが嬉しかったです。

　その子は栃の実に私の名前を彫ってプレゼントしてくれました。私もお礼にその子の名前とガンバレという文字を彫ってプレゼントすると，「俺，これ大切にするから」と喜んでくれました。　　　　　　　　　　　　　　　　　　　　　【Ⅰさん】

▼「カッターを持つ少年」に出てくる少年は，いつもカッターを持ち歩いていました。児童養護施設で暮らす子ども達は，親からの虐待や友達からのいじめから身を守るために，虚勢を張って自分を強く見せることがあります。少年も，人を傷付けるためにカッターを持ち歩いていたのではなく，自分の身を守るためにカッターを持ち歩いていたのだと思います。学生は，カッターを取り上げるのではなく，少年の求めに応じて一緒にカッターで木の実を切りました。学生が少年に寄り添おうとしたから，少年は心を開いて胸の内を語ったのだと思います。学生は少年の気持ちに触れて，少年がカッターを持った怖い子ではなく，親を思う優しい子だと理解しました。

44　　第2部　心が育つための支援

耳を傾ける　　　　　　　　　　　　　　　　　【2年次の教育実習（幼稚園）】

　朝の体操の時間，私が担当していたクラスの女の子が突然泣き出しました。「K君がいきなり蹴った」と言うので，私はすぐに隣のクラスのK君に話を聞くと，K君は「あいつキモいから蹴ったんだよ！　うるせぇ，消えろ！」と私を怒鳴りました。初めて子どもにそんな言葉を投げられた私は感情的になり，ついK君を叱ってしまいました。ですが，帰宅してからよく考えた時，私はK君を叱りすぎてしまった事を後悔しました。

　K君は，家庭に何か事情があるのかもしれない。そう思った私は，次の日からK君の様子を観察することにしました。叱り過ぎたためK君には避けられていましたが，毎日話し掛け，ダメな事は叱るのではなく「言われた相手は嫌な思いをする」と言う事を伝え続けました。すると，K君は日に日に自分から話し掛けてきてくれるようになり，目が合うとニコニコしてくれるようになりました。友達に手を出す事も少なくなり，気持ちが伝わったのかなと思えるようになりました。

　ある日の自由時間に，K君が私にたくさんの質問をしてきました。それで，私も一つ一つきちんと答えました。すると，K君が「俺は，年長からここに来たんだ」と自分のお道具箱の名前を指さして言いました。名札には前の名字に訂正線が引かれ，上に新しい名字が書いてありました。私はK君が新しい親に引き取られた事を知り，今まで以上にK君の話に耳を傾けることにしました。すると，K君はずっと乳児院にいたことを自分から話してくれました。その言葉を聞いて，全てではないけれどK君のことを少し理解できた気がしました。

　その後，逆にK君は，他の子に意地悪をしている子がいたらその子を注意するようになりました。その時は，私はたくさんK君を褒めてあげました。また，「1番好きな先生」とK君が言ってくれて，本当に嬉しかったです。　　　　　　　　　【Kさん】

▼「耳を傾ける」で学生は，K君の乱暴な言動に対して，理由を考えずに叱ったことを反省し，乱暴された子の気持ちを伝えるとともに，K君の気持ちも理解しようと努めました。学生が気持ちを理解しようとしたから，K君は自分の辛い生い立ちを学生に語ったのだと思います。その後K君は乱暴をしなくなり，逆に意地悪している子を注意するようになりました。このエピソードが示唆しているよう，叱って子どもを変えようとするのではなく，子どもを理解しようとすることが，子どもに自ら変わろうとする力を与えるのだと思います。

努力を認める　　　　　　　　　　　　　　　　　【2年次の教育実習（幼稚園）】

　責任実習の時，原発事故の影響であまり外で遊べない子ども達の為に，私はリレーを行うことにしました。子ども達は皆大喜びです。知的障碍があるY君も一生懸命走

ってくれた子の1人でした。いつもなら,「疲れた」「先生,休んでいい?」と言っ
てくる子だったので,その一生懸命な姿に感動しました。

　しかし,リレーが終わった後,同じ組のK君が「Y君が遅かったから負けちゃった
じゃん」と言いました。Y君は身体にも発達の遅れがある子だったので仕方ないこと
なのですが,私は,「そんなことないよ。Y君一生懸命走れたもんね」と言い,笑い
掛けました。すると,Y君は「うん!」と元気な返事をしてくれました。

　たとえ障碍があったとしても,その子なりに常に頑張っています。私はその努力を
見付け,認めてあげられる保育者になりたいと思いました。　　　　　　【Aさん】

自分の存在価値　　　　　　　　　【2年次の保育実習Ⅰ(障害者支援施設)】

　Nさん(34歳)は,お母さんが大好きな男性の利用者さんで,時々「ママにいつ
会えるの?」「ママどこにいるの?」と聞いてきました。

　初めてそのような言葉をNさんから聞いた時,Nさんは家庭の話をしてくれまし
た。Nさんは月に1度は家に帰っていて今月も行ってきたこと,しかしずっと家族と
一緒に暮らせるのではなく施設に戻されてしまうこと,お兄さんが自分のことを邪魔
に思っていることなどを話し終えた後で,「ママはなんで僕のこと生んだの?」と聞
いてきました。私は胸が締めつけられる思いでとても悲しくなり,返す言葉に困って
しまいました。

　私は,「Nさんが生まれた時,お母さんはとても嬉しかったと思いますよ。自分の
子どもが生まれて喜ばない親はいないのですよ」と必死で伝えました。このような思
いを胸に抱えている人が他にもたくさんいると思うと悲しくなり,とても考えさせら
れました。　　　　　　　　　　　　　　　　　　　　　　　　　　　【Oさん】

▼「努力を認める」は,東日本大震災があった年のエピソードです。大震災では大きな被害
を被った実習園も多く,放射能漏れによる外遊びの制限もありました。学生はそんな子ども
達の為にリレーを企画し,その中で障碍があるY君のリレーでの頑張りを認めました。障碍
があると他の子と同じように出来ない事がありますが,周囲が「出来る・出来ない」といっ
た行動の結果で評価することを止めて,子どものやろうとする気持ちや人を思いやる気持ち
等に目を向けるようになると,子どもの心は一層輝きを増すのだと思います。

　「自分の存在価値」では,施設で暮らす利用者の方の寂しい気持ちが語られています。利
用者の方が施設で暮らす事情は様々ですが,どの利用者の方も家に帰宅できる日を楽しみに
しています。学生は,長くは家に居られないNさんの辛く寂しい気持ちを受け止め,Nさん
を想うお母さんの気持ちを代弁しました。

　誰かが味方となり寄り添うことで,子どもや障碍がある方は励まされ,苦しい状況を乗り

46　第2部　心が育つための支援

越えることが出来るのだと思います。

思いやりの心　　　　　　　　　　　　　　　　　【1年次の教育実習（幼稚園）】

　3歳児クラスに入った時，Y君という男の子がいました。Y君はいつも「先生，鼻水出ちゃった」「タオル貸して」と声を掛けてきました。そのたびに私は，持っていたティッシュで鼻を拭いてあげたり，ハンカチを貸してあげたりしました。

　ある日，外で遊んでいたKちゃんが「手を洗ったら，手がぬれて靴が履き替えられない」と言っていました。すると，それを見ていたY君が「僕のハンカチ貸してあげるよ」と言って，自分のポケットからハンカチを取り出してKちゃんにハンカチを貸してあげました。Kちゃんは「ありがとう」と言って，Y君のハンカチで手を拭きました。私が，「Y君偉いね。やさしいね」「Kちゃん，よかったね。お礼が言えて偉かったね」と言うと，2人とも満足そうに部屋に入っていきました。

　自分がしてもらったことを今度は困っている友達にしている姿を見て，ちょっとした行動からお互いの思いやりの心を育んでくれているのかなと思いました。

　　　　　　　　　　　　　　　　　　　　　　　　　　　　　　　　　【Sさん】

▼「思いやりの心」は，子どもが困っている時に大人が助けてあげることで，子どもの心の中に優しい気持ちや友達を大切に思う気持ちが育つことを示唆しています。子どもが助けを求めてきた時，自力で解決できるように援助することも大事ですが，積極的に手伝って支えてあげることも大事です。人は誰でもいろんな人と支え合って生活しています。人に優しくされた経験は，人に優しくする心を育てます。同様に，誰かに助けてもらったり，支えてもらった経験は，次には誰かを助けたり，支えたりする力になります。

第2節　愛情を注ぐ

　自分が無条件で愛されていると思えた時，人は自分を好きになり，他の人も好きになります。また，自分が大事にされていると思えた時，人は安心して生活を広げることが出来ます。何かが出来た時だけ褒めるのではなく，出来ない時でも，頑張れない時でも，「大好きだよ」というメッセージを送り続けることが大切だと思います。

「大好きだよ」と伝える　　　　　　　　　　　　　【2年次の教育実習（幼稚園）】

　3歳児クラスでは，ご飯の後にお昼寝がありました。お昼寝の前にトイレに行くのですが，トイレの中でHちゃんとJちゃんがふざけていたので副担任の先生に怒られてしまいました。Jちゃんはすぐに立ち直ったのですが，Hちゃんはずっと泣いてしまい，パジャマにも着替えずにロッカーの隅でうずくまっていました。先生は「放っ

第1章 信頼関係を築く　*47*

といていいよ」と言ったのですが，私は気になったので，Hちゃんに「先生はHちゃんの事が大好きだよ。お着替えしよう」と言うと，Hちゃんはうなずき，着替え始めました。

　子どもの不安を受け止める事は大切な事だと改めて感じました。　　　　【Yさん】

▼「『**大好きだよ**』と伝える」では，ふざけていて先生に怒られたHちゃんは，パジャマに着替えず，ずっと泣いていました。鯨岡峻氏（2004）が指摘するように，大人は子どもの好ましくない行動を叱ったつもりでも，子どもは自分の存在を否定されたと受け取ることがあります。Hちゃんも自分が先生に嫌われたと思い，不安に陥ったのではないかと思います。学生は，そのようなHちゃんの不安を受け止め，「大好きだよ」と言葉を掛けました。この言葉でHちゃんは，自分に対する周囲の愛情を感じ，自信を回復することが出来たから，パジャマに着替える気になったのだと思います。

　人は自分が無条件で愛されていると思えた時，自分を好きになり，他者を好きになれます。頑張ったからとか上手に出来たからとか条件を付けて認めるのでは，子どもは大人の評価や顔色を気にして，自分らしく生きられなくなります。頑張れなくても出来なくても無条件で「大好きだよ」というメッセージを送り続けることが大切だと思います。

抱っこする　　　　　　　　　　　【2年次の保育実習Ⅰ（知的障害者更生施設）】

　Aさんは3歳の時から施設に入っていて，40年くらいずっと施設生活でした。そのためか，構って欲しくて自傷したり，唾を吐いたりしていました。傷を作れば職員が自分を見てくれると思ってやるのだ，と職員の方が言っていました。私が近くに座ると，ひざに乗り抱っこを求めてきました。3歳から誰かの愛情を独り占めした事がないので寂しかったのだと思い，たくさんAさんと係わり，たくさん抱っこしてあげました。　　　　　　　　　　　　　　　　　　　　　　　　　　　　　　【Ｉさん】

▼「**抱っこする**」では，幼少期に親から十分な愛情を受けてこなかった方に対して，学生は甘えを受け入れ，出来る限りの愛情を注ぎました。子どもに限らず大人に対しても，年齢にかかわらず愛情をいっぱい注ぎ，特定の人への基本的信頼を育て直すことが求められます。Aさんの自傷や唾吐きも，寂しい気持ちを愛情で満たしてあげることで減らすことが可能だと思います。

本当の気持ち　　　　　　　　　　　　　　　【1年次の保育実習Ⅰ（保育所）】

　年長クラスで実習をした時にK君という活発な子がいました。K君はとても口が悪く，何かあるとすぐに手を出して友達を泣かしてしまうような子でした。毎日のように先生に怒られ，また友達に手を出しての繰り返しでした。

いつものようにK君と係わっていると，K君は「いつもお家では一人で毎日近くの公園で遊んでいるから，先生と遊んでいると楽しい」と言ってきました。その日から，K君は「一緒に遊ぼう，一緒にご飯食べよう」と近寄ってきてくれるようになりました。午睡の時は，「背中とんとんして。僕はお父さんがいないから，先生が男の人でよかった」と言っていました。

どう対応してあげれば良いのか分からず，優しく頷き「先生もK君と毎日一緒に遊べて嬉しいよ」と言うことしかできませんでした。無力だなと悔しい気持ちになりました。と同時に，乱暴な言動は，『寂しい，構ってほしい』という気持ちの表れだったと気付くことができました。

今回の実習でまた一つ成長できたかなと思いました。　　　　　【Sさん】

▼「本当の気持ち」で男子学生は，乱暴な言動が目立つ男の子と仲良くなりました。父親がいないその子にとって，男子学生は寂しい気持ちを満たしてくれる存在だったようです。寂しい気持ちが愛情で満たされれば，乱暴な言動も減っていくのではないかと思います。

安心できるということ　　　　　　　　　【2年次の教育実習（幼稚園）】

Mちゃん（3歳）は，活動をしている時も，おやつやお弁当の時も，何をするにしても一人で泣いていました。私は，実習初日から2，3日，どのようにして係わっていけばよいのか分からずにいました。先生方のMちゃんへの係わりを見てみると，常に「Mちゃん，おいで」と名前を呼び，「泣かなくていいよ。できなかったら言ってね。そうしたら先生お手伝いするからね」と優しく伝えていました。

ある日私は，Mちゃんが泣いていたので，「Mちゃん，一緒にやってみよう」と声を掛けました。すると，Mちゃんは泣き止み，頷きました。それ以後，Mちゃんが困って泣いている時は，できるだけ声を掛け一緒にやるようにしていきました。すると，ある時から，Mちゃんは一人で「できない」と泣かずに，私に声を掛けてくれるようになりました。

Mちゃんはトイレで排泄をすることができなかったのですが，先生がMちゃんに「先生（実習生）とトイレに行ってみる？」と言うと，Mちゃんは「うん」と言いました。それで，私はMちゃんとトイレに行きました。すると，Mちゃんはトイレで排泄することができました。他にも，泣かずに食事が少しずつとれるようになっていきました。私は先生から，「先生（実習生）がいてくれて，Mちゃんはとても安心しているみたいで，色々なことができるようになっている」ということを聞きました。

それを聞いて私は，子どもが安心できるということは，様々なことに繋がっているのだと感じました。安心感があることで，子どもは自分の気持ちを出し，自分から活動することができるのだということを学ぶことができました。　　　　　【Yさん】

▼「安心できるということ」では，学生に不安な気持ちを受け止めてもらったMちゃんは，不安が次第に安心に変わり，自らいろいろな事に挑戦するようになりました。

第1部 第2章 第1節で述べたように，周囲に気持ちを受け止めてもらって自信や信頼や安心という心が育つと，やがて子どもは自分からいろんな事に挑戦していけるようになります。上記のエピソードは，その事を端的に表していると思います。

第3節　魅力に触れる

子どもや障碍がある方の中には，キラキラ輝く宝物がいっぱい隠されています。温かい眼差しを持って接すれば，素晴らしい面がたくさん見えてきます。

実習に行く前，多くの学生は自分達が子どもや障碍がある方を助けたり，教えたりしなければならないと考えています。しかし，実際に実習に行ってみて，その考えが誤りであることに気付きます。実習を通して，学生は子どもや障碍がある方から逆に教わったり，感動や元気をもらったりします。

友達に言っていい言葉　　　　　　　　　　　　【2年次の教育実習（幼稚園）】

朝の自由遊びの時間，雨のため室内遊びをしていました。R君（5歳）は，積み木をどこまで高く積めるかバランスゲームを一人で楽しんでいましたが，Y君（5歳）がその机に当たってしまいました。R君はY君に対して怒鳴り暴言を吐き，Y君は泣いてしまいました。

私が仲介に入ろうとした時，その様子を見ていたT君（5歳）がこんなことを言いました。「Y君泣いているよ。R君は今自分で言ったような言葉言われたら嫌でしょ。友達に言っていい言葉は，自分が言われても悲しくない言葉だよ」。

私はT君の言葉に感動しました。T君は友達のことを思いやることのできる子だと感じました。そして，喧嘩が起きたらすぐに仲裁に入るのではなく，様子を見ることも大切だと思いました。　　　　　　　　　　　　　　　　　　　　　　　　【Eさん】

思いやりのある子ども達　　　　　　　　　　　　【1年次の保育実習Ⅰ（保育所）】

0～5歳児までの子ども達と係わってみて，思いやりの気持ちを持っている子どもがたくさんいるなと思いました。

特に印象に残っているのが，2歳児クラスを担当させて頂いた際の外遊びでの出来事です。保育士の声掛けにより片付けになり，片付け終わった子から順に部屋に戻っていましたが，1人の男の子が園庭で泣いていて部屋に戻りませんでした。泣いている原因が分からず，とりあえず私は，「どうしたの？とりあえず部屋に戻ろう？」と

50　第2部　心が育つための支援

声を掛けました。しかし，その子はずっと泣いていて，その場から動きませんでした。保育士の方が「私が連れて行くから実習生は戻っていいよ」と言って下さり，その場を離れようとしたら，1人の女の子が泣いている男の子に近付き，園庭に生えていた小さな花を渡していました。私がその女の子に「ありがとう」と声を掛けると，その女の子は「こうすればH君も元気になると思って！」と言いました。

　他にも，泣いている子がいると近くにいる友達が頭を撫でていたり，その子の好きなおもちゃを渡していたり，私達が声を掛けなくても子ども達だけでトラブルを解決している姿が多く見られました。保育士の方々も優しい方がたくさんいました。子ども達もそのような保育士の姿を見て思いやる気持ちが強くなったのだと思いました。

　子ども達のおかげで暖かい気持ちで実習をすることができました。　　　【Mさん】

▼「友達に言っていい言葉」のT君も，「思いやりのある子ども達」の子ども達も，普段一緒に園で生活する中で，お互いの事を良く理解し，支え合う関係を築いています。子どもの事を知りたければ，子どもに聞くのが一番だと思います。学生は子ども達が友達を思いやる姿に接して感動しますが，子ども達の優しさは大人に優しくされる中で培われたものだと思います。

　幸せを教わる　　　　　　　　　　　　　【2年次の保育実習Ⅰ（児童養護施設）】

　高校1年のMちゃんは登校拒否をしていたので話す機会があり，多くの事を話しました。

　Mちゃんは8人兄弟の2番目で，上に兄がいますが働いていません。母も本当の母ではなく，26歳の母。以前，皆で住んでいる時に父に虐待されていましたが，妹や弟がかわいそうだから嫌いにはなれないそうです。そして，援助交際やリストカットをしていました。

　今は，高校で友達がいじめられ，かばったら逆にいじめられ，登校拒否になりました。今後は高校を辞めて働き，親の力になりたいと言っています。

　すごく辛い思いをしていると思ったら，「でも，私は幸せ。周りの人に恵まれているから」と言われました。その時，自分の小ささや普通が幸せだと改めて感じました。　　　　　　　　　　　　　　　　　　　　　　　　　　　　　　　　　【Yさん】

▼「幸せを教わる」に出てくるMちゃんは，複雑な家族関係の中で育ち，援助交際やリストカットを経験し，いじめに遭って高校を休んでいました。そのMちゃんが「でも，私は幸せ」と言うのを聞いて，学生は自分の小ささや普通の生活が幸せだということを教えられました。施設実習では，学生は自分がこれまで生きてきた世界とは違う世界に触れ，価値観や人生観を揺さぶられる貴重な体験をすることがあります。

第1章　信頼関係を築く　*51*

素直な子ども達　　　　　　　　　　　　【2年次の教育実習（幼稚園）】

　責任実習で私が失敗した時，裏で涙を拭きました。その時，一人の子がハンカチを持ってきて，「うるさくしてごめんね」と言ってくれました。他の子達も，誰かが泣いていると必ずハンカチを貸してくれる優しい子達でした。嘘がつけず，とても素直に接してくれました。大人になった自分は，少し忘れていた事でした。　　【Nさん】

障碍がある方の魅力を知る　　　　【2年次の保育実習Ⅰ（知的障害者更生施設）】

　実習中，私は利用者の方から毎日元気とパワーをもらっていた気がします。毎朝，私が出勤すると，利用者の方が沢山駆け寄ってきて，次々と握手やお話をしてくれました。また，途中まで迎えに来てくれる方もいました。そんな些細な日常生活の出来事がとても嬉しく，「今日も一日頑張ろう！」と気持が引き締まる思いになりました。また，自分の宝物のＣＤや映画のパンフレットや写真を嬉しそうに見せてくれる方もいて，そんな利用者の方の自慢げな笑顔を見ては，嬉しくなる思いでした。

　実習中に利用者の方とショッピングモールに買い物に行った時，周囲の視線が冷たいと感じました。しかし，不思議なことに私は，利用者の方と手をつないで買い物することが誇らしく思えました。なぜなら，利用者の方の良い所をたくさん知っているからです。そして大好きになれたからです。障碍がある方を非難するような目で見る人がかわいそうに思えるくらい，利用者の方の魅力を知ることができました。こんなに純粋に買い物に喜ぶ利用者の方を一般の方にも理解してもらえたらな……と思いました。　　　　　　　　　　　　　　　　　　　　　　　　　　　　　　　　【Ⅰさん】

▼**「素直な子ども達」**では，学生は責任実習を失敗しましたが，子ども達に優しく受け止めてもらって逆に励まされました。**「障碍がある方の魅力を知る」**では，学生は障碍がある方の笑顔や優しい振る舞い等に励まされて，実習を乗り切ることが出来ました。

　子どもや障碍がある方は，私達が失った素直さや純粋さや優しさなどを持っており，だからこそ私達は魅せられるのだと思います。

良い所を探して　　　　　　　　　　　【1年次の保育実習Ⅰ（保育所）】

　4歳児クラスに入った時，R君という男の子がいました。彼は砂遊びの時間に，自分が作った山より大きな山を作った友達が「R君見て！僕の方がすごいでしょ！」と言ってきた時，「全然すごくねぇよ！」と言って山を壊してしまいました。それ以外の場面でも友達とトラブルになることが多いようで，先生に何度も注意をされていました。

52　第2部　心が育つための支援

　　R君は私の所に近寄って来ようとはしなかったので，「R君，一緒に遊ぼう」と声を掛けてみました。しかし，「遊ばない」と言って，別の所に行きました。私は他の子と遊びながら，R君の様子を見ていました。彼は1人で砂場に行き，大きな山を作っていました。そこに1歳下のクラスの子どもが来て，「山のぼりたい！」と言いました。登ったらせっかく作った山が崩れてしまいます。どうするのかと見ていたら，「いいよ」と言って，その子と遊んでいました。それを見て，「R君は優しいね」と言いました。するとR君は，「壊そうと思っていたし」と言ってきました。

　　その後，水道で手を洗っている時，R君と同じクラスの障碍がある子が口に入れた水を足元に出したので，足場が水浸しになってしまいました。周りの子ども達が「あーあ，何やってんの」と言ってその子を非難する中，R君は何も言わずに部屋へ行き，雑巾を持ってきてきれいに拭いていました。私は，「R君　ありがとう！」と言って，頭を撫でました。それ以後，遊ぶ時R君の方から，「先生！こっち来て！」と言ってくれるようになりました。そのようなことは今まで無かったので，気持ちが通じ合えた気がして，とても嬉しくなりました。

　　トラブルが多い子だと，そこばかりが目に付いてしまいがちですが，良い所をしっかり見て，分かってあげることの大切さを知りました。そして，何か悪いことをしてしまった時は，「こんな良い所もあるの先生知っているから，ここは直そうね」などと声を掛けていくといいのではないかと思いました。　　　　　　　　　　【Nさん】

▼「良い所を探して」では，学生は意地悪する子やトラブルが多い子の優しい一面に気付きました。「意地悪する」「トラブルが多い」といったレッテルを貼って子どもを見ると，子どもの困った行動ばかりが目に付きます。そのような色眼鏡を外して，温かい眼差しで子どもを見れば，良い面が沢山見えてきます。また，こちらが優しい気持ちで接すれば，子どもも優しい一面を見せてくれます。子どもの魅力に触れることが出来るかどうかは，私達の見方，接し方次第なのだと思います。

第4節　心の事情

　子ども達が示す気になる言動は，子ども達の心の揺れの表れです。子ども達が発する小さなサインを見逃さず，一人ひとりの心の事情を理解することが大切だと思います。

　家での不安から甘えてくる　　　　　　　　　【2年次の教育実習（幼稚園）】
　　H君は毎日「先生，遊ぼう」と言ってきました。H君は，自分の意見も言え，運動もよくでき，負けず嫌いのしっかりした子でした。一方で，とても甘えん坊で，私の隣に来て必ず手を握ってきました。しかし，私はいろいろな園児と係わりたいと思

い，H君と手を繋がなかった事もありました。今思うと，ひどい事をしてしまったと後悔しています。

　その様に思ったのは，実習最後の日に，みんなで家族の話をしていると，H君が「僕の家3人家族だよ。この前まで4人だったけど……。お父さんとお母さんが別れたから3人なの」と言いました。それを聞いた瞬間，心がズキッとしました。H君は最近引っ越したばかりで，離婚の事は知りませんでした。家での不安や甘えたい気持ちを幼稚園で出していたのに，私は拒否してしまったと思うと，すごく胸が痛みました。

　園児の中には，ただ甘えん坊の子もいるけれど，家で何かあるから甘えてくる子もいるのだと改めて感じました。　　　　　　　　　　　　　　　　　　　　【Hさん】

▼保育所や幼稚園に通う子ども達は，家庭の事情等で心が不安定になることがあります。**「家での不安から甘えてくる」**では，両親が離婚したH君は，園で学生に沢山甘えてきました。このような子ども達が示す気になる行動は，子ども達の心の揺れの表れです。ですから，子ども達が発する小さなサインを見逃さず，一人ひとりの心の事情を理解して係わることが保育者には求められます。

　　赤ちゃん言葉　　　　　　　　　　　　　【1年次の保育実習Ⅰ（保育所）】
　　私が行った保育所は，全部で子どもが27名の小規模な保育所でした。3・4・5歳児クラスに入った時，Kちゃんという女の子がすごく甘えてきました。私が座っていると必ず膝の上に座り，私が先生に頼まれた仕事をしている時も一緒に行動をし，遊んでいる時は必ず手を繋ぎ「先生，先生」と近付いてきました。

　　Kちゃんは5歳でしたが，赤ちゃん言葉を使っていました。何か発達の遅れがあるのかと思い先生に聞いてみると，家庭の事情を教えて下さいました。弟が生まれてお母さんが忙しくなり，Kちゃんは家で十分甘えることができないそうです。そのため，保育所では赤ちゃん言葉が出たり，先生にべったりしたりするのだそうです。私は，家庭でのその子の状況や背景にも配慮して係わることが必要なのだと改めて感じました。

　　そして，次の日，できるだけKちゃんとの時間を作りたくさん遊んでいると，赤ちゃん言葉はなくなり，いろんなことが一人でできるようになっていました。Kちゃんは家でお姉ちゃんとして頑張っている分，保育所では気に掛けてほしかったのかなと思いました。　　　　　　　　　　　　　　　　　　　　　　　　　　　　　　【Eさん】

▼**「赤ちゃん言葉」**では，子どもの心の事情を理解した学生達は，子どもの気持ちに寄り添った対応を心掛けました。すると，気になる行動は減少し，気持ちの安定が見られるように

54　　第2部　心が育つための支援

なりました。これらのエピソードは，子どもが表す心の揺れに誰かが気付いてあげること
で，子どもは気持ちを立て直すことが出来るという事を示唆しています。

温かな環境　　　　　　　　　　　　**【1年次の保育実習Ⅰ（保育所）】**

　ある日，Ａちゃんとブロックで遊んでいると，急に「先生にはおばあちゃん，おじ
いちゃんいるの？」と聞かれました。私が「いるよ」と答えると，「Ａちゃんもいる
よ」と言いました。そして，「お父さんは？」と聞かれて「いるよ」と同じように答
えると，Ａちゃんは「そっか。Ａちゃんはね，お父さんいないの。死んじゃったの。
でもね，お母さんも，おじいちゃんも，おばあちゃんも，先生達も遊んでくれるから
さびしくないんだ」とにっこり笑って私に言いました。

　この子は温かな環境で育ってきたのだなと思いました。　　　　　　**【Ｉさん】**

▼子ども達の心の事情を理解することは大切ですが，家庭の事情と心の事情は別問題です。
「温かな環境」が示すように，たとえ両親が揃っていなくても，周囲の愛情が豊かであれ
ば，子どもは安定した気持ちで生活することが出来ます。

第5節　その子その人の世界

　子どもは未完成な大人ではなく，独自の豊かな世界を持っています。子どもの発想は，や
わらかく，自由です。大人が勝手に枠にはめ込んではいけないと思います。それは，障碍が
ある人も同じです。

　子どもや障碍がある方がしていることを，歩調を合わせて一緒にやってみることで，その
子その人の世界に近付くことが出来ます。

「先生，キラキラ」　　　　　　　　　**【2年次の教育実習（幼稚園）】**

　晴れていた日に外で遊んでいる時，年中の子ども達が砂場に水を運んで海や川を作
っていました。水道から水をバケツで運びながら，子ども達が「キラキラ」と言って，
何度か立ち止まって「キラキラ」する物を見ていましたが，私には全然見えませんで
した。バケツに水を汲んで移動している時，「先生，キラキラ」と子どもが言うので，
子どもと目線を同じにしてバケツを見ると，木の葉っぱの間から太陽の光がバケツの
水に反射して，キラキラしていてとてもきれいでした。その場で，「ほんとだ！キラ
キラしていてきれいだね。教えてくれてありがとう」と言うと，とても嬉しそうな顔
をしていました。

　普通に歩いていると見過ごしてしまう出来事ですが，子ども達と歩くといろいろな
視点でいつもと違った発見ができて楽しいです。今回の様に，子ども達が気付いて教

えてくれたことに対して，私自身がすぐに気付けるようになりたいです。【Tさん】

ずっと笑顔でいられる　　　　　　　　　　　　【2年次の保育実習Ⅱ（保育所）】
　実習園に軽度の知的障碍があるY君（4歳）という男の子がいました。Y君はとても人懐っこい性格で，いつもニコニコと笑っている男の子でした。でも，障碍があるため，みんながプリント学習をしている時に出歩いていたり，朝礼の時にフラフラしたりしていました。先生方はそれを知っていたので，ある程度は自由にしていました。
　私がY君に絵本を読んでいる時に，Y君は絵本の中の電車を指差して「見て見て！この電車に乗っている人みんな笑っているよ。お姉さんも僕と一緒にこの電車乗ろうよ。そしたらずーっと笑顔でいられるよ」と言ってくれました。
　その時，私はY君の笑顔を見てとても心が温かくなりました。　　　【Kさん】

▼「先生，キラキラ」と「ずっと笑顔でいられる」は，大人が気付かなかった世界，想像出来なかった世界を子どもが示してくれて，学生が驚嘆し，感動したという報告です。エピソードが示すように，子どもの感覚は繊細であり，子どもは子どもの世界を生きています。

子どもの世界に入る　　　　　　　　　　　　　【2年次の保育実習Ⅱ（保育所）】
　私は4歳児のR君に初めて声を掛けた時「あっち行け！」と言われ，仲良くなることができるのだろうかと思っていました。実習3日目の戸外遊びの時，R君が1人で何かをしているようだったので，また声を掛けてみました。するとR君は「今，海賊ごっこをしているのだ！」と答えてくれました。どうやら1人で海賊ごっこをしているみたいでした。それで，私は「海賊じゃ，R君がキャプテンなのかな」と聞いてみました。そしたら，R君は誇らしげに「そう！僕はキャプテンだ！これから宝を探しに行くからついてきなさい！」と言ってきました。それから，R君と私の海賊ごっこが始まりました。船に乗ったり，海に潜ったり，宝を探したりしました。私が赤ちゃ

んのクラスに移動してからも，R君から「今日も宝を探しに行くぞ！」と声を掛けてくれました。

　最初，私はR君と仲良くなれるのか不安でした。でも，海賊ごっこを通して一緒に遊ぶことができ，R君の世界に私も入っているのだなと思うと嬉しくなりました。

【Oさん】

▼「子どもの世界に入る」で，学生は1人で海賊ごっこをしていたR君に同行して，一緒に海賊ごっこを楽しみました。そうすることで，R君は学生を仲間として受け入れ，学生はR君の世界に入ることが出来ました。このように，その子がしている事を同じようにやってみると，その子は私達を仲間として受け入れ，その子の世界を一緒に楽しむことを許してくれます。

同じようにやってみる　　　　　　　　　　　【2年次の保育実習Ⅱ（保育所）】

　自閉症があるK君はいつも砂遊びをしていて，ほこりをたてることが大好きでした。K君はコップを2つ持ち，片方に砂を入れ，上から落とす行為を繰り返していました。保育士さんは，ほこりがたたないように水をかけていました。私はなぜK君が同じ事を繰り返すのか知りたくて，K君と一緒にやってみました。すると，砂から煙が出ていることが分かりました。

　同じようにやってみて共感することで，K君から何が見えているのかが分かりました。後から聞いた話ですが，実習生と話すことがなかったK君が私と会話をしたので，保育士さんは驚いたそうです。

【Yさん】

▼「同じようにやってみる」では，学生は子どもがしている事を同じようにやってみて，何が面白いのかを理解しました。子どもが楽しんでいる世界を理解し，共感出来た時，子どもと気持ちが繋がり，仲良くなることが出来ます。それは，障碍の有無に関係なく，どの子の人にも言える事だと思います。

自分でもやってみる　　　　　　　　【２年次の保育実習Ⅰ（知的障害者更生施設）】

　外で遊んでいる時，汚れた大きい丸太がありました。その木に顔をくっつけて手でバンバンして遊んでいる利用者さんがいたので，汚れてしまってはいけないと思い，最初は止めさせようとしました。

　しかし，私も利用者さんがしているように，その木に耳をくっつけて手で叩いてみました。すると，空気が振動して様々な音に変わり，とても面白かったです。自分でもやってみて，利用者さんの気持ちが分りました。　　　　　　　　　　　【Ｓさん】

音で見る　　　　　　　　　　　　　【２年次の保育実習Ⅰ（障害者支援施設）】

　実習した棟には重い障碍を持った方が多く，言葉のやり取りが出来る人は数人しかいませんでした。その中のＳさん（６３歳）は目が見えませんでしたが，言葉を話すことができました。

　ある日散歩に行った時のことですが，Ｓさんは「セミが鳴いていますね」「風の音が聞こえますね」など，目は見えないけれど音を感じ取って外の空気を味わっていました。私は視覚障碍がある方と係わったことがなかったので，耳で外を見ているのだろうと感動しました。

　その後も，散歩の時にＳさんは「セミの声が聞こえなくなって，今度は鈴虫の声が聞こえますね」などと話をしました。私もＳさんと一緒に音と外の空気を味わいながら散歩を楽しみました。　　　　　　　　　　　　　　　　　　　　　　　　【Ｏさん】

▼障碍がある方もまた，豊かな心の世界を持っています。**「自分でもやってみる」**と**「音で見る」**は，障碍がある方に付き合う中で普段私達が気付かない世界を教えられたという学生達の嬉しい報告です。

　私達が見ている世界，聞いている世界は，常識の枠に閉じ込められた狭い世界なのだと言えます。それに対して，子どもや障碍がある方は，もっと自由に，広い世界を生きていま

58   第2部　心が育つための支援

す。中野尚彦氏（2009）は，「子どもは1個の秩序系であり，おとなの未完成品ではない」
と述べています。子どもや障碍がある方には，独自の豊かな世界があります。子どもや障碍
がある方の世界が豊かだから，私達は子どもや障碍がある方の世界に触れて，驚嘆し，感動
するのだと思います。

第6節　共感する

　誰かが自分の気持ちに共感してくれたなら，人は納得して気持ちを切り替えて前に進むこ
とが出来ます。子どもや障碍がある方の喜びを一緒に喜び，悲しみを一緒に悲しみたいと思
います。

思いを共有する　　　　　　　　　　　　　【1年次の保育実習Ⅰ（保育所）】

　2歳児クラスで実習をした時，担任の先生からK君は落ち着きがなく，言葉の発達
が遅れているということを聞きました。言葉がなかなか出ないので，K君は自分の感
情を行動で表していました。

　2歳児クラスでの実習3日目。K君は戸外活動を終え，保育室に戻る時，戻るのを
嫌がりました。「みんな行っちゃったよ。お部屋戻ろう」などと何度声掛けをして
も，足を踏ん張って戻るのを嫌がりました。ふとK君の目線の先を追ってみると，駐
車場に車を乗せたトラックが止まっていました。そして，K君はいつも午睡の時に車
の絵のパジャマを着ていることを思い出しました。私はK君に「そっか，K君は車が
好きなんだね」と笑顔で言うと，黙って頷きました。「黒い車だね」とか「車さんど
こ行くのかな」などと話し掛けると，満足したように頷いてくれました。そしてK君
に部屋に戻らなくてはいけないことを伝え，「じゃあ車さんにバイバイしよっか」と
言い一緒にバイバイをすると，K君は大人しく戻ってくれました。それからK君とは
すごく距離が縮まりました。

　次の日から3歳児のクラスの実習だったのでお別れのことを話し，最後にK君を抱
っこした時，K君は静かに私の服に顔をうずめて泣いていました。　　　【Kさん】

気持ちに寄り添う　　　　　　　　　　　　【1年次の保育実習Ⅰ（保育園）】

　4歳児を担当している時，R君という男の子がいました。R君は自分の思い通りに
ならないことがあると，すぐ泣いたり怒ったりしてしまう子でした。クラスのみんな
と園庭でへび鬼をやることになり，2チームに分かれて行いました。私はR君と同じ
チームになり，ルールを守りながら楽しく行っていました。ですが，R君のチームが
負けてしまい，R君は，最後にじゃんけんをした子のせいで負けてしまったのだと言

い，その子を叩いて園庭の端に行ってしまいました。

　先生は他の子を見ていたため，私が付き添うことになりました。私はR君の所へ行き，「みんなの所に戻ろうよ」と言いましたが，話を聞いてくれませんでした。そこで，「負けて悔しかったよね。お姉さんも悔しかったよ」と言うと耳を傾けてくれて，「でも悔しいからってお友達のことを叩いたりしていいの？」と聞くと「ダメ」と答えてくれました。その後話し合い，友達に謝る気になり，謝って仲直りすることが出来ました。

　まずは，子ども達の気持ちに寄り添うことが大切だと感じました。その後で，友達を叩いたりすることは決してやってはいけないことなので，そこはきちんと理由を付けていけないことだと伝えることも大切だと思いました。　　　　　　　　　【Kさん】

気持ちに共感する　　　　　　　　【2年次の保育実習Ⅰ（障害者支援施設）】

　女性利用者さんのYさんは話すことができず，ある日，庭を指差しながら「あ，あ，あ」と何かを訴えていました。私は，その方向を一生懸命見て「きれいな緑ですね」などと言葉を掛けたのですが，Yさんが訴えていることとは違ったようで怒らせてしまいました。その時，私は，気持ちに共感することは難しいと思いました。

　何日か経ったある日，Yさんがまた庭を見ていたので，私もその場所に行き，Yさんの視線の先を見ました。そして，「工事をしていて，木が切られてしまいますね」などと声を掛けてみました。すると，Yさんは"ウン，ウン"と頷きました。「木がなくなっちゃうのは，寂しいですね」と言うと，私の手を握って頷きました。Yさんの気持ちに共感でき，何とも言えない喜びを感じました。　　　　　　　　【Oさん】

ピアノ曲の思い出　　　　　　　　【2年次の保育実習Ⅰ（児童養護施設）】

　私は仕事が終わってヒマな時に，よくピアノを弾いていました。誰かが聞いていたらしく，私がピアノを弾いていることが子どもたちの間で広まりました。ある時，高校3年生のRちゃんが，「よかったらピアノ弾いてくれない」と言ってきました。私は自分が弾ける最高の曲を彼女に聞かせました。すると，Rちゃんは涙を流しながら，「ありがとう」と拍手をしてくれました。泣いていた理由を聞くと，「今まで溜めてきた辛いことや悲しいことが一気に出てきたの。涙は枯れていたと思っていたけど，あなたのおかげでまた流せた」と笑顔で言ってくれました。

　実習最終日に子ども達にお別れの挨拶をしに行くと，Rちゃんが携帯で私の弾いた曲を流して「この曲私のお気に入りなんだ…ありがとね」とまた涙を流しながら，で

も笑顔で私を見送ってくれました。
　Rちゃんは，良くも悪くも大切な事を思い出してくれたのだと思いました。
【Kさん】

▼「思いを共有する」では，保育室に戻ろうとしないK君がトラックを見ていることに気付いた学生は，一緒にトラックを見ながら車の話をしました。学生が車の話をしたことで，K君は「自分の気持ちを分かってもらえた」ことを確信し，学生に対する信頼を深めたのだと思います。**「気持ちに寄り添う」**では，ゲームに負けて友達を叩いた子に対して，学生が悔しい気持ちに共感したら，その子は謝る気になりました。悔しい気持ちを分かってもらえたから，学生の言葉に耳を傾けたのだと思います。**「気持ちに共感する」**でも，学生はYさんの気持ちを頭で理解するだけでなく，心で共感して言葉にしました。その言葉を聞いて，Yさんは気持ちが繋がったことを確信し，嬉しかったのだと思います。**「ピアノ曲の思い出」**で学生が弾いたピアノ曲も，Rちゃんの心の奥の琴線に触れたから，少なからず悲しみを癒すことが出来たのだと思います。

　いずれのエピソードも，誰かが自分の気持ちに共感してくれたなら，人は納得して気持ちを切り替えて前に進むことが出来るということを示しています。牛渡美智代氏（1997）は，「『○○したい』とか『○○がほしい』とかを誰かに表現できて，それが伝えられたと思えたら，実際には思いが成し得なかったとしても，その思いに区切りはついていくのではないか」と述べています。たとえ思いが叶わなくても，誰かに分かってもらうことで，その思いは半ば満たされるのだと思います。

第7節　相手に合わせる

　子どもや障碍がある方が見ている物，している事の中にその子その人の心があります。まず，私達が子どもや障碍がある方と同じ物を見て，同じ事をして心を合わせます。そうすることで気持ちが繋がれば，次に子どもや障碍がある方も納得して私達に合わせてくれます。そうやって，お互いが相手を思いやり，相手に合わせる関係を築きたいと思います。

一緒に空を見る 【1年次の保育実習Ⅰ（保育所）】

Y君（5歳）は，自閉症の診断を受けていました。Y君は，活動中にいきなり教室を飛び出して，雨の中園庭に出て行き，滑り台の上に登って，ずっと空を見ていました。私も教室を飛び出して，Y君を追いかけて，一緒に空を見ました。すると，雨雲の隙間から太陽の光が差し始めていて，それがとても綺麗でした。Y君は園で一番高い滑り台の上からそれを見ていたのだと気付きました。

何も言わずY君と一緒に空を見て，他の子が給食の準備を始めたので「Y君，給食食べよう！」と声を掛けたら，手を繋いで教室に戻りました。

その日から，朝や自由遊びの時に，「Y君！」と名前を呼んで声を掛けると，抱きついてくれたり，手を握ってくれたりするようになりました。 【Wさん】

子どもに付き合う 【2年次の教育実習（幼稚園）】

M君（4歳・年中）は，とてもやんちゃな男の子です。1年次の実習と同じクラスに入ることができ，M君は私のことを覚えていてくれました。

ある日，片付けの時間になってもブランコから降りないM君を目にしました。私は近くにいたので，M君に「お片付けしよう？」と声を掛けました。すると，M君は「イヤだ！高く押して！」と言ってきました。私は，「子どもに付き合うと，子どもも大人に付き合ってくれる」と学校の授業で聞いたことを思い出し，「じゃあ，高くなったら終わりにしようね」と伝えてM君のブランコに付き合うことにしました。「M君，高いね〜」など声掛けしながら少しの間ブランコを楽しんだ後，もう一度「M君，一緒にお片付けしよう？」と声を掛けてみると，「うん！」と言ってすんなりとブランコから降りて一緒に片付けをしてくれました。

時間通りに行動するということを教えることも大切ですが，子どもの気持ちを受け止め，自分の気持ちに余裕を持って付き合ってあげることも，子どもの気持ちを成長させるうえで大切なことだなと実感することができました。 【Kさん】

まず受け止める 【2年次の教育実習（幼稚園）】

私が入った3歳児クラスに，言うことを聞いてくれないK君という子がいました。例えば，紙芝居を読んでいる時に，K君は前に出てきて紙芝居の前に立ってしまいます。私が「見えなくなっちゃうから，下がって見ようね」と言っても，聞いてくれなくて困ってしまいました。

初めはそのまま抱っこして座るよう促していたのですが，先生に「K君だけじゃな

く，みんな何か気になることがあるから前に出てきているんじゃないかな。きちんと子どもの気持ちを受け止めてから先生の気持ちを伝えてみたら」と言われました。

　それから私は，K君が前に出てきたら「うん。○○だね。……だけどみんなが見えないから座ろうね」と，まずはK君の気持ちに応えてから，自分の気持ちを伝えるようにしました。すると，K君は納得して席に戻ってくれるようになりました。

　まずは相手の気持ちを受け止めることが大切だということを学びました。

【Ｆさん】

子どもの気持ちに共感する　　　　【２年次の教育実習（幼稚園）】

　私が５歳児クラスの子ども達を担当した時，そのクラスには自閉症があるK君という子がいました。K君は，皆と同じように席に座って活動ができず，よく見ていないと教室から出て行ってしまうような子でした。

　ある時，先生が他のクラスで研究保育があったので，私が１人でそのクラスを見ていることになりました。すると，K君はトイレで流れる水を何か話しながら眺めていて，私は不思議に思いました。私は，教室で活動している他の子ども達も見なければいけなかったので，「K君，教室に戻ろう」と言って無理矢理に手を引っ張ってしまいました。K君は大きい声を出し嫌がってしまい，それを見て私は「これではいけない」と思いました。座って水を眺めているK君と同じ目線になり「K君，お水きれいだね」と話し掛けてみると，K君も「お水きれいだね」と言ってくれて，心が繋がった気がして嬉しくなりました。その後に「教室に戻ろうか」と言ってみると，素直に手を繋いで戻ってくれました。

　私は，K君の行動を見てすぐに「ダメ」と言うのではなく，一度気持ちに寄り添い共感することが大切だと思いました。

【Ｆさん】

▼「一緒に空を見る」では，園庭のブランコの上からずっと空を見ていたY君に，学生は一緒に空を見てから給食に誘いました。すると，Y君は学生と手を繋いで教室に戻りました。「子どもに付き合う」では，ブランコからなかなか降りようとしないM君に，学生が少しの間ブランコに付き合ってから声を掛けたら，M君はすんなりブランコから降りました。**「まず受け止める」**では，学生がまず子どもの気持ちを受け止めたら，その後子どもは学生の言葉を納得して聞き入れました。**「子どもの気持ちに共感する」**では，学生が「きれいだね」と言ってK君と一緒にトイレの水を眺めたら，K君も「教室に戻ろう」という学生の言葉を受け入れてくれました。

　これらのエピソードは，子どもがしていることに大人が付き合うと，両者の気持ちが繋がり，今度は子どもが大人の言葉に耳を傾けたり，気持ちを察したりするようになることを示

しています。言い換えるなら，大人が子どもの気持ちを受け止めると，子どもは大人を信頼し，納得して大人の気持ちを受け止めるようになると言えます。

社会的規範を教える場合でも，まず子どもの気持ちを受け止めて，信頼関係を築くことが前提だと思います。確かな信頼関係が築けていれば，子どもは納得して大人の願いや意思を受け止めたり，大人の行為を見本として取り込んだりしていくのだと思います。

散歩に付き添う　　　　　　　　　　　　【2年次の保育実習Ⅰ（障害者支援施設）】

女性の利用者さんのYさんは高齢の方で，いつも職員の方が手を繋ぎ，付き添いながら廊下を歩いていました。また，ふらつきがあるため壁に頭をぶつけてしまう事があるので，頭を守るためにヘッドギアを被っていました。

実習も数日が経った頃，Yさんが廊下を一人でふらつきながら歩いていました。職員の方は別の仕事をしていたので，私がYさんに付き添い手を繋いで歩きました。ある程度歩いたところで，私は「みなさんがいるところに戻りましょうか」と声を掛け，戻ろうとしました。すると，「いやー」と声を出し，一人でまた歩き出してしまいました。私はYさんの元へ行き，「わかりました。もう少し一緒に歩きましょう」と声を掛け，手を繋いで歩いてみました。そして，「Yさん行き止まりですよ。そろそろ戻りましょうか」と，また声を掛けてみました。Yさんも納得をしてくれたのか，他の利用者さんの所へ戻ってくれました。このことから，利用者さんの気持ちを受け止めることの大切さを知ることが出来ました。　　　　　　　　　　　　　　　　【Hさん】

▼「散歩に付き添う」は，障碍者施設で学生が利用者の方に合わせることで利用者の方も学生に合わせてくれたという体験を報告しています。

子どもだけでなく大人の方に対しても，まずその人がしている事にこちらが付き合うことで，気持ちが繋がります。それは，その人がしている事の中に，その人の心があるからです。気持ちが繋がると，今度は相手の方もこちらを信頼して納得して付き合ってくれるようになります。このように，信頼関係を土台にして，お互いが相手に合わせる関係を築くことが大切だと思います。

64　　第2部　心が育つための支援

第8節　気持ちを受け止める

　自分の気持ちを誰かに受け止めてもらうことで，人は安心や信頼や自信といった心を育てることが出来ます。子どもや障碍がある方がたとえ受け入れ難い行動をしていても，それらの行動の奥には大切な気持ちが隠されています。保育者は，行動ではなく気持ちを受け止めることが求められます。

気持ちに寄り添う　　　　　　　　　　【1年次の保育実習Ⅰ（保育所）】

　私が4歳児を担当した時，T君といういつも言葉がきつく，乱暴な男の子がいました。T君は友達との会話や嫌なことがあった時など，必ず「ぶっ飛ばすぞ」と暴言を吐いていました。

　ある時，私は，「何でそんな怖いことを言うの？　T君が言われたら嫌じゃないのかな？」と聞くと，「ママにいつも言われているから大丈夫」と言っていました。私は，この質問をしてT君が辛い気持ちになってしまったのではないかと，申し訳なく感じました。そして，T君を抱きしめると，それをきっかけにT君は色々な話をしてくれるようになり，心を開いてくれたように感じました。

　暴力を振るったり，暴言を吐いたりしたからといって注意するだけでなく，注意をする前に子どもの気持ちに寄り添うことが大切なのだと実感しました。　【Tさん】

乱暴する子の気持ち　　　　　　　　　【1年次の保育実習Ⅰ（保育所）】

　Y君（5歳）は人なつっこい子で，よく話し掛けてきてくれました。しかし，Y君は，お友達に対して暴力をふるったり，暴言を吐いたりすることが多くありました。

　Y君に関して先生方から，「親が忙しくて朝早くから預けていて，帰りのお迎えも最後だから，親に甘えたり係わったりする時間が少ないのが原因かも…」という話を聞きました。私はその話を聞いて，Y君には妹（3歳）がいるので余計甘えることが出来ないのではないかと思い，たくさん係わりを持つようにしたり，気に掛けるようにしたりしました。すると，Y君は，午睡の時に「今日お昼寝の時，トントンしてね」などと次第に甘えてくれるようになりました。

　その時，私は，年齢を問わず，一人ひとりに合った保育をすることの大切さを，身をもって経験することが出来ました。子どもの気持ちを読み取って受け止めることで，子どもは自分の気持ちを素直に言葉で表してくれるのだと思いました。　【Nさん】

▼「**気持ちに寄り添う**」では，学生は子どもの乱暴な言動の原因が家庭にあることに気付き，叱るのではなく，抱き締めました。「**乱暴する子の気持ち**」でも，学生は「甘えたい」「構

って欲しい」という気持ちを受け止めるように努めました。気持ちを受け止めってもらった子どもは，学生を信頼して，素直に甘えを表現するようになりました。

　上記のエピソードから，行動の意味を考え，行動の奥にある気持ちを受け止めることが大切であることが分かります。周囲に気持ちを受け止めてもらった子は，人を信頼し，自信を持って自分を表現し，安心して生活出来るようになります。また，気持ちを受け止めてもらった経験は，人の気持ちを受け止める心を育（はぐく）みます。このような心が育った結果として，素直に自分を表現したり，相手に優しくしたり，積極的に何かに挑戦したりといった行動が生まれるのだと思います。

　一方で，受け入れ難い行動を子どもがした時，ついその行動に目を奪われて，行動の奥にある気持ちを見ることを忘れてしまうことがあります。そうすると，直接行動を変えようとして，厳しく注意したり，強制的に制止したり，無視したりといった対応が取られることになります。そのような対応によって行動の変容が見られたとしても，気持ちを受け止めてもらえなかった子は，周囲に対して不信感をいだいたり，自分に対して自信が持てなかったり，強い不安を持ったりしてしまいます。その結果として，自分を出せなかったり，他の子に乱暴したり，些細な事で爆発したりといった行動が目立つようになるのだと思います。

花を飾る　　　　　　　　　　　　　【2年次の保育実習Ⅰ（知的障害者更生施設）】

　Ｉさんは，「ご飯なんかいらない」「散歩なんか行きたくない」「嫌だ，疲れた」等と否定的な言葉が目立ち，自ら動こうとしない方でした。

　それでも本人の為と思い，半ば強制的に食堂へ誘ったり一緒に外へ移動したりしました。外の散歩の時は日差しがとても暑く，Ｉさんはずっと「暑い，戻りたい」と繰り返していて，私はなんだか悪い事をしているようで心が痛くなりました。

　散歩の時間，ふとＩさんの目がお花に集中していることに気付きました。私はＩさんに「秋のお花，奇麗ですね」と話し掛け，雑草の花を摘み集めながら散歩を一緒にしました。Ｉさんはいつものような否定的な言葉はなく，自らテンポよく歩き「いい気分だ」とおっしゃって下さいました。私はすごく嬉しくなり，Ｉさんは花が好きだという事を知りました。

　食堂でもＩさんの席の近くにコスモスを飾ってみました。職員の方に「そういう事（花など利用者さんの好きな物でつるような形）は良いことか悪いことかは分からない」と言われましたが，Ｉさんの気持ちが少しでも前向きになれたらな，と思い自分なりに工夫してみました。

　ちょっとした事で，自分にとってもＩさんにとっても過ごしやすい環境が作れるのかな，と思いました。　　　　　　　　【Ｋさん】

66　第2部　心が育つための支援

気持ちを受け止める　　　　　　　　　【2年次の保育実習Ⅰ（障害者支援施設）】

　女性のNさんは，いつも同じ言葉や質問を繰り返してきます。Nさんが支援員の方に「今日お家帰る？」と聞いていて，支援員の方は「今日はお家に帰る日じゃないから帰れませんよ」と答えていました。少し寂しそうな表情になったNさんは，私のところへ来て同じ質問をしてきました。支援員の方とのやり取りを見ていたので，「今日はお家に帰る日じゃないですよ」と言いました。ですが，それだけではNさんがずっと寂しい思いになってしまうと思い，「いつ帰れるんでしょうね。帰るの楽しみですね」と後から言うと，Nさんは「うん」と少し笑ってくれました。

　利用者さんの話を聞き，気持ちを受け止めることは大切なのだと改めて感じました。　　　　　　　　　　　　　　　　　　　　　　　　　　　　　　　　　【Nさん】

▼**「花を飾る」**では，学生は，散歩嫌いのⅠさんの目が花に集中していることに気が付き，散歩中に花を摘み集めました。学生に気持ちを受け止めてもらえたⅠさんは，この日散歩を楽しむことが出来ました。その後，学生は，食堂にもⅠさんが好きな花を飾って迎えました。Ⅰさんに限らず，好きな物で歓待されれば，誰でも嬉しいものだと思います。食事も散歩も，食べる行為や歩く行為を強いるだけだと苦痛になります。学生がしたように，食事や散歩に伴う楽しみを増やし，できればそれを一緒に楽しんであげることで，食も進むし足も動くのだと思います。

　「気持ちを受け止める」では，家に帰りたい気持ちが満たされないNさんに対して，学生は「いつ帰れるんでしょうね。帰るの楽しみですね」とNさんの気持ちに沿った言葉を掛け直しました。すると，Nさんは納得して笑ってくれました。本章第6節「共感する」でも触れたように，自分の思いを誰かに受け止めてもらえたなら，たとえその思いが叶わなくても，思いは半ば満たされたことになるのだと思います。

「帰りたくても帰れない」　　　　　　　【2年次の保育実習Ⅰ（児童養護施設）】

　私は実習中，ほとんど毎晩，Y君（12歳）と居室で色々な話をしたりふざけあったりして，Y君が眠りにつくまで添い寝をしていました。

　実習最終日の前夜，私はいつも通りY君と一緒に居室で他愛のない話をしていました。すると，Y君が「先生には家族がいるの？　みんな何歳なの？」と聞いてきました。私がその質問に答えると，Y君は突然布団に潜り込み，今まで自分が置かれていた環境を少しずつ話してくれました。そして，ゆっくり布団から出てきて私に「もっとここにいたい？」と聞くので，私は「もっと皆と一緒に過ごしたかったな」と答えました。すると，「俺達は帰りたくても帰れないんだよ」と言われてしまいました。私はY君からの思わぬ言葉に驚いてしまい，涙目のY君をただ抱きしめることしか出

来ませんでした。

　施設にいる子ども達は普段どんなに元気でいい子でも，心には大きな傷を抱えています。私はそんな子ども達に何が出来るのか改めて考え，今の自分の無力さを感じました。　　　　　　　　　　　　　　　　　　　　　　　　　　　　　　【Ｈさん】

▼児童養護施設で暮らす子ども達は，普段は明るく振る舞っていても，様々な心の傷を抱えています。**「帰りたくても帰れない」**は，実習最終日のエピソードです。次の日には家族が待つ家に帰れる学生と違って，児童養護施設の子ども達は家に帰りたくても帰れません。Ｙ君の悲痛な言葉に対して学生は抱きしめることしか出来ませんでした。それでも，辛い気持ちを学生に受け止めてもらって，Ｙ君の気持ちはいくらか癒されたのではないかと思います。誰かが子どもの辛い気持ちに寄り添い続けることで，心の傷は少しずつ癒されていくのだと思います。

第9節　信頼を育てる

　一見人を拒否しているように見える時でも，子どもや障碍がある方の心はいつでも，自分の気持ちを受け止めてくれる人に対して開いています。この人は信頼できる人なのか，困った時に助けてくれる人なのか，子どもや障碍がある方から私達が問われているのだと思います。

自分から壁を作らない　　　　　　　　【2年次の保育実習Ⅰ（児童養護施設）】

　実習に行った施設に，不登校で少し反抗的な中学1年生と2年生の女の子がいました。その子達には何度も暴言を吐かれたり，トイレ掃除をしていたら扉を閉められたり，廊下をふさがれたり，外で他の子と遊んでいたら窓からクレヨンやマンガを投げられたりと，様々な事をされました。ある朝，その子を起こそうと部屋に入ると，「入ってくるな！出て行け！」と怒鳴られ，すごく落ち込みました。そのような事が積み重なり，だんだんその子達と係わりを持つことが怖くなってしまいました。

　どうしたら受け入れてもらえるのだろうかとすごく悩んだ末，“自分から壁を作って逃げていてはダメだ！”と思いました。それから，毎日の挨拶は自分から明るく笑顔でするよう心掛けました。どんなに嫌なことを言われても，明るく笑顔で対応するようにしました。最初のうちは，なかなか返事が返ってきませんでしたが，それでも諦めず毎日続けました。すると，だんだん暴言を吐かれることがなくなり，それだけでも私は“変化だ”と思い嬉しくなりました。

　そして，実習10日目の朝，早番で子ども達を起こしに行きました。私が「おはよう」と声を掛けると，今まで返事をしてくれなかったその女の子が「おはよう」と返

してくれました。そして，「今日は早起きだね」と話し掛けると，早起きの理由や，去年の実習生の話，園の話，自分の好きな物や怖い話など，様々な話をしてくれました。そして，前は「入ってくるな！」と言っていたのに，その子から「お姉ちゃんなら入っていいよ」と言って部屋に入れてくれました。それまで辛いと思うこと，落ち込むことがたくさんあった分，その時は涙が出そうになるほど嬉しくて仕方ありませんでした。　　　　　　　　　　　　　　　　　　　　　　　　　　　　　【Ｔさん】

小さな信頼　　　　　　　　　　　　　【２年次の保育実習Ⅰ（児童養護施設）】

　Ａちゃんは１６歳で，少し男っぽい性格で，タバコも吸っていて，初めは少し怖い印象を受けました。

　Ａちゃんは，ある歌手が大好きで，暇があるといつもその歌手のＤＶＤを見ていました。私は，早くＡちゃんと仲良くなりたいと思い，「一緒に見てもいい？」と聞きました。すると，「いいよ！」と優しく言ってくれ，それを機会にＡちゃんとの会話や接することが多くなりました。急に甘えて抱きついてきたり，「お前かわいいな」などと上から目線で気持ちを伝えたりしてきました。

　ある日，Ａちゃんは夜道を歩いていたところを補導されたらしく，苛立ちながら施設に帰ってきました。私は，今は話し掛けない方がいいかなと思い，知らない振りをしました。すると，指導員や施設の人ではなく，私の所に一番に飛んできて話をしてくれました。私は，話を聞いてあげるだけで大した声掛けをしてあげられなかったのですが，嬉しい気持ちでいっぱいでした。

　短い間ではあったけれど，声を掛けたり係わったりすることで小さな信頼を作ることが出来て，とても嬉しかったです。　　　　　　　　　　　　　　　　　【Ｓさん】

▼児童養護施設で実習した学生達は，最初子ども達の暴言や乱暴な行動に戸惑いながらも，それらの行動の奥にある気持ちを受け止めようとしました。子ども達は表面的には乱暴な言動で強がって見せたり，実習生を試したりすることがあっても，本音は実習生の事が気になり，仲良くしたいという気持ちを持っているのだと思います。だからこそ，**「自分から壁を作らない」**や**「小さな信頼」**では，子どもの気持ちを受け止めようとし続けた学生に，子ども達は心を開いたのだと思います。

利用者同士の絆　　　　　　　　【２年次の保育実習Ⅰ（知的障害者更生施設）】

　Ｓさんは，職員の方や実習生の手を引っかいたり，歯で噛んだりすることがありました。Ｓさんにとって嫌な事（小さな音等）や不安な事があった時などにそのような行動に出るらしく，危ないからと実習生は係わることが少なかったのですが，何回か

つねられたりしました。

　ある日，職員の方がいない時，Ｓさんが不機嫌そうに近寄ってきました。内心焦りましたが，Ｓさんが好きと聞いたことのある歌を歌うと，Ｓさんはボロボロと涙を流したり，一緒にニコニコと笑いながらメロディーを口ずさんだりしてくれて，素直な方なのだと感じました。

　利用者の方がＳさんと係わっても，Ｓさんが手を出すことはありませんでした。利用者の方同士のような固い絆があれば，Ｓさんは安心することが出来，乱暴な行動も減るのかなと思いました。　　　　　　　　　　　　　　　　　　　　　【Ｋさん】

遊びに付き合う　　　　　　　　　　　　　【2年次の教育実習（幼稚園）】

　年長児のクラスに，Ｈちゃんという女の子がいました。Ｈちゃんは恥ずかしがり屋で，他のクラス担任の先生には恥ずかしがって話さない子でした。私はそのクラスを担当した時にＨちゃんに話し掛けたのですが，やはりなかなか受け入れてもらえなくて，喋ってくれませんでした。そのクラスは責任実習を担当するクラスでもあったので，「私を受け入れてほしい，信頼してほしい」という気持ちから，Ｈちゃんに笑顔で話し掛けるよう心掛けましたが，やはり受け入れてもらえませんでした。

　そんな時，私は朝の自由遊びの時にＨちゃんの遊びに付き合いました。Ｈちゃんはブロックで遊んでいたので，私も真似をしてブロックで同じ物を作りました。私がブロックで違う物を作り出すと，今度はＨちゃんが真似をして作ってくれました。その後，私が他の子ども達と違う遊びをしている時に，ふと振り返ると，そこにＨちゃんがいました。また，他の子ども達と曲に合わせて踊っていると，Ｈちゃんが近付いて来て，一緒に踊りたいような素振りをしていたので，「一緒に踊る？」と話をすると「うん」と頷いて一緒に踊りました。最終日には，Ｈちゃんは私に心を開いてくれ，Ｈちゃんが自ら話をしに来てくれました。嬉しかったです。

　学校の授業でも教わった通り，子どもの遊びに付き合うことによって信頼関係を築くことが出来るということを実感しました。　　　　　　　　　　　　　　【Ｓさん】

▼**「利用者同士の絆」**では，障碍者施設で実習した学生は，最初は利用者の方に引っかかれたり，つねられたりしました。しかし，その方が好きな歌を歌ってコミュニケーションを取る中で，信頼関係を深めることが出来ました。**「遊びに付き合う」**では，幼稚園で実習した学生は，子どもがしていることを真似したり，子どもの動きから気持ちを受け止め声を掛けたりする中で，子どもと信頼関係を築いていきました。いずれのエピソードも，丁寧に気持ちを受け止めようとする人に対して，子どもも障碍がある方も心を開いてくれるということを示唆しています。

70　第2部　心が育つための支援

子ども同士の係わり　　　　　　　　　　【2年次の教育実習（幼稚園）】

　私が年中クラスに入った時，Nちゃん（4歳）という女の子がいました。Nちゃんはあまり話さず，一人で遊んでいることが多い子でした。

　自由遊びの時，一人雲梯（うんてい）で遊ぶNちゃんの姿がありました。私がNちゃんの傍に行くと，近くにいたRちゃんが「Nちゃん，どっちが速いか勝負しよう」と声を掛け，Nちゃんは頷きました。私は周りにいた子ども達と一緒に応援しました。勝負の結果はNちゃんが勝ちました。その後も他の子ども達と勝負をしていましたが，全てNちゃんが勝ちました。勝負をした子ども達はNちゃんの所へ行き，「どうしたら速くなるの？」「Nちゃんすごいね！」と話し掛けていました。今まではほとんど他の子ども達と話さなかったNちゃんが，笑顔で話をしていました。そして，次の日から友達と一緒に遊ぶことが増えました。

　Nちゃんは友達から認められたことがきっかけとなって，友達と一緒に遊び，話すことが多くなったのかなと思いました。保育者の係わりだけではなく，子ども同士の係わりも大切なことを学びました。　　　　　　　　　　　　　　　　　　　　【Nさん】

▼「子ども同士の係わり」では，一人遊びが多かったNちゃんは，友達に雲梯で認められたことがきっかけで友達と一緒に遊ぶようになりました。友達が自分のことを受け入れてくれる，認めてくれると分かった時，Nちゃんの心は友達と繋がったのだと思います。このエピソードは，子ども同士の関係においても，子どもは自分を認めてくれる友達に対して心を開くということを示しています。このような友達を認める子どもの心は，大人に認めてもらった経験を通して培われるのだと思います。

第10節　行動の意味

　人が起こした行動には必ず意味があり，気持ちが隠されています。何か意味があると思って行動を見れば，次第にその意味が見えてきます

おでこをはたいた理由　　　　　　　　　【2年次の保育実習Ⅱ（保育所）】

　2歳児クラスのA君は，お昼寝の時間に，1人1つと決まっているぬいぐるみを2つ持ってきました。私が「ぬいぐるみは1人1つだよ」と言うと，A君は隣で寝ているB君にぬいぐるみの1つを渡しました。

　また，A君は寝ているB君のおでこをはたき出しました。私は「A君，はたいちゃだめだよ」と言おうとしましたが，よく見るとA君は，いつも子ども達のおでこをなでて眠りに誘う先生の真似をしてB君を寝かせようとしていたのでした。私はこの

時，A君のB君に対する優しさにとても感動しました。私がA君のことを褒めると，A君は嬉しそうに眠りにつきました。

　2歳という年齢は一般的に見ればまだ赤ちゃんですが，きちんと考えを持って生活していることが分かりました。　　　　　　　　　　　　　　　　　　【Sさん】

片付けない理由　　　　　　　　　　　　【1年次の保育実習Ⅰ（保育所）】

　お片付けの時間に砂を掘り起こしている子がいました。私はそれを遠くから見つけて「もうお片付けの時間だから，お砂遊びはおしまいにしてお部屋に戻るよ」と声を掛けました。しかし，その子はやめようとしません。他の子はもう片付け終えて部屋に戻っています。砂場にその子1人となり，私は近付いてもう一度声を掛けようとしました。すると，よく見るとその子は砂の中に埋まっているシャベルを一生懸命掘り起こしていました。誰かが埋めたシャベルを片付けようと思って掘っていたのだと気付きました。よく見もせずにもう一度声を掛けなくて良かったなと思い，一緒にシャベルを片付けました。「よく見つけてくれたね。えらかったね」と言うと，笑顔で頷きました。　　　　　　　　　　　　　　　　　　　　　　　　　　　　　【Mさん】

リボンを2つ作る　　　　　　　　　　　【2年次の教育実習（幼稚園）】

　5人くらいの女の子と，折り紙でリボンを作りました。すると，一人の女の子が「2つ作りたい」とずっと言っていました。私はわがままを言っているのだと思い，「みんな1つずつのお約束だよ」とか「後でね」と言い，その子の気持ちを受け取らずに外遊びに行ってしまいました。そして保育室に戻ると，女の子はまだぐしゃぐしゃの折り紙と戦っていました。私が理由を聞くと，「私だけ持っていたら，お母さんに『妹にあげなさい』って言われるから…」と答えてくれました。女の子は妹の分も作ってあげようとしていたのでした。私はもっと子どもの気持ちを知ろうと思いました。　　　　　　　　　　　　　　　　　　　　　　　　　　　　　　　　　　【Kさん】

▼**「おでこをはたいた理由」**では，A君はお昼寝の時にぬいぐるみを２つ持ってきました。また，寝ているB君のおでこをはたき出しました。どちらの行動にもちゃんと理由がありました。ぬいぐるみの１つはB君の分でした。はたいたのも，B君を寝かせようとしていたのでした。A君は乱暴な子ではなく，実は友達思いの優しい子でした。**「片付けない理由」**では，お片付けの時間に砂を掘っている子がいました。学生は，遠くからは分からなかったその理由を，近付いてみて了解しました。その子は遊んでいたのではなく，砂に埋まっていたシャベルを片付けようとしていたのでした。**「リボンを２つ作る」**では，折り紙でリボンを作っていた時，女の子が「２つ作りたい」と言いました。学生が理由を聞いて，わがままで言っているのではなく，１つは妹の分だと分かりました。

　上記の３つのエピソードが示すように，行動には必ず意味や理由があります。大人にとって望ましくない行動を子どもが取った時，私達は行動だけを見て叱ったり，制止したりしてしまいがちです。しかし，このような時こそ行動の意味や理由を探ることが大切です。意味や理由が分かれば，自ずと子どもの気持ちに寄り添った対応が可能になります。

保育室を出て行く　　　　　　　　　　　　　【２年次の教育実習（幼稚園）】

　３歳児のクラスの中には，製作の時などに保育室を出て行ってしまう子が２〜３人いました。私はどうして出て行ってしまうか分かりませんでした。次の日も同じ事があったので，子ども達の後を付いて行ってみました。すると，子ども達はテラスにいて花壇を覗いていたので，私も子ども達の所へ行き一緒に花壇を覗いてみました。そこには，ダンゴムシがたくさんいました。子ども達はダンゴムシが見たくて保育室から出て行ったことが分かりました。私が「Y君とR君はダンゴムシを見に来ていたんだね。また後で一緒に見に来ようね」と言って２人の手を取ると，２人とも素直に保育室に戻ってくれました。

　この出来事のおかげで，子どもがどうしてその行動をとったのかを考えることはとても大切なことだと分かりました。　　　　　　　　　　　　　　　　　【Aさん】

影が面白い　　　　　　　　　　　　　　【１年次の保育実習Ⅰ（保育所）】

　Rちゃん（4歳）はダウン症を持っていますが，元気いっぱいな男の子です。

　ある日，年中組は，みんな外に出て遊びました。先生は遊ぶ前に準備体操をするよと声を掛けて，みんなで準備体操をしました。でも，Rちゃんはみんなと一緒に体操をせずに，下を見て「キャッキャッ」騒いでいました。何が楽しいのかなと思い，Rちゃんと同じ目線で見ると，みんなの影がありました。みんなの影が大きくなったり，小さくなったりしていて，Rちゃんは影を見て楽しそうにしていたのだと気付きました。私は無理に体操させるのではなく，「影がおもしろいんだね」と声を掛けて，Rちゃんと楽しく遊びました。　　　　　　　　　　　　　　　　　　　　【Mさん】

▼「保育室を出て行く」と「影が面白い」はいずれも，子どもや利用者の方と同じ行動をやってみたり，同じ目線で見てみたりすることで，何が面白いのか，何をしたいのかが分かったという報告です。これらのエピソードが示すように，一見不可解な行動にも必ず意味や理由があります。行動を制止したら，その意味は分からず仕舞いになります。子どもや利用者の方と同じようにやってみたり，同じ目線で見てみたりすることで，行動の意味や理由が分かり，その子その人の心に近付くことが出来ます。

第11節　気持ちに気付く

　心は行動の奥に隠されています。誰かが気付くことで，隠された心は次第にはっきりと表現されます。

　しかし，行動に目を奪われたり，思い込みや固定観念が邪魔をしたりして，子どもや障碍がある方の心に気付くことは困難を伴います。中野尚彦氏（2009）は，「隠された心を見るということは，それまで疑ったことのない自分の考えを捨てるということだ」と述べています。曇りのない目で子どもや障碍がある方を見て，隠された心に気付けるよう努めたいと思います。

74 第2部 心が育つための支援

隠された気持ちに気付く　　　　　　　【1年次の教育実習（幼稚園）】

　私は3歳児クラスを2日間担当させて頂きました。1日目，そのクラスのR君は，話し掛けてくることはありませんでしたが，自由遊びの際に私の近くに来てただ立っているという事が数回ありました。私は「どうしたの？」と声を掛けてみましたが，首を横に振りお友達との遊びに戻っていきました。一日目は色々な子と遊んでいて，R君の行動に対してあまり気に留めませんでした。

　そして2日目，昼食の後の自由遊びの際，私の髪の毛を引っ張る園児がいました。振り返って見てみると，それはR君でした。その時，私は女の子達と遊んでいたため，「痛いです。やめてください」と言うと，R君はまた遊びに戻りました。私は分かってくれたのだなと思い，また女の子達と遊びました。数十分後，R君が先ほどより強く私の髪の毛を引っ張ったため，勢いで私は後ろに転倒してしまいました。私はR君に対し「髪の毛引っ張ったらダメだよ。R君も引っ張られたら痛いよね。先生も痛いよ」と言うと，R君は私を一回だけ殴り泣き出してしまいました。私は怒られたと思って泣いているのかと思い，「怒っている訳じゃないよ。でもね，先生も痛かったんだ」などと声を掛けながら側で寄り添っていましたが，R君は何も言わずずっと泣いていました。

　私はR君と同じ目線になるように座り，なぜ泣いているのかを考えてみました。私は思い当たることをいくつか問い掛けてみましたが，R君は答えませんでした。そこで，私はR君の1日目の行動を思い返しました。私はR君に「先生と一緒に遊びたかったの？」と聞いてみると，R君は初めて頷きました。私は思わずR君を抱きしめ，「ごめんね」と何度も言いました。すると，R君も私を抱きしめ返し，しばらくしてようやく泣き止みました。そして，その日の外遊びで一緒に遊びました。

　私は積極的に子ども達に話し掛けて遊んでいたつもりでしたが，大人しい子にも目を向けるということが全然できていませんでした。そして，何より子ども達の気持ちに寄り添えていなかったことに気付かされました。R君は，遊びたくてもなかなか言い出せずにいました。そんなR君なりの遊んでほしい，構ってほしいといった合図に対し，私は髪の毛を引っ張った行為だけに目を向けて怒ってしまったことを後悔しました。子どもと係わる中で気持ちに寄り添うことが大切なのは分かっていましたが，今回の出来事で気持ちに寄り添うこと，一つ一つの行動の中に隠されている気持ちに気付くことの大切さを改めて教えられました。　　　　　　　　　　　【Yさん】

▼**「隠された気持ちに気付く」**では，学生は最初R君の行動だけを見て対応しましたが，それではR君の気持ちは満たされませんでした。気持ちを分かってもらえなかったR君は，一層激しい行動で気持ちを表現しました。その結果，ようやく学生はR君の本当の気持ちに気

付きました。

　このように，子どもの行動の奥にある気持ちを見ることが大事であることを分かっていて
も，実際に気持ちに気付くことは困難を伴います。特に大人にとって望ましくない行動を子
どもがした時には，行動に目を奪われて叱責や制止といった対応を取ってしまいます。子ど
もの表現の意味に大人が気付かないと，子どもは分かってもらいたくて一層激しい行動で表
現するようになります。それでも分かってもらえないと，子どもは表現することを断念し，
周囲との関係を閉じてささやかな安定を保つようになります。

子どもの本心　　　　　　　　　　　【2年次の保育実習Ⅰ（児童養護施設）】

　小学2年生の女の子が学校から帰ってきて，ミーティングルームで宿題をやってい
ました。私は実習担当の先生に「小学生の宿題を見てきて」と言われ，その女の子の
ところに行きました。「何の宿題やっているの？」と聞くと，女の子に「なんで来る
の？あっち行ってて」と言われました。私は，「なんでそんなこと言うの？そんなこ
と言われたら悲しいよ」と気持ちを伝えました。すると女の子は，「うそだよ。ここ
にいていいよ」と言ってくれました。気持ちを伝えることで，言われてどんな気持ち
になったのか気付いて，受け入れてくれたのかなと思いました。

　子ども達は暴言を吐くことがありましたが，実習をしていてそれは本心ではなく，
自分を見てほしいという気持ちから生まれた言葉だと気付きました。また，本心は，
その言葉の裏に隠れているということにも気付くことができました。その本心を読み
取ることは難しいことですが，誰かが気付いてあげることで，子ども達は本心を素直
に伝えられるようになるのだと思いました。　　　　　　　　　　　　　　【Mさん】

▼「子どもの本心」は，子どもの乱暴な言葉の裏にも本心が隠されていることを伝えていま
す。学生が述べているように，誰かが子どもの本心に気付いてあげることで，子どもは次第
に人を信頼して，安心して自分の気持ちを出せるようになっていくのだと思います。

ブレスレットで気持ちを表す　　　【2年次の保育実習Ⅰ（知的障害者更生施設）】

　親子旅行で2日間，私はNさんという方と行動を共にしました。Nさんは大人しい
方で，自分の気持ちを表すことは普段からあまりありませんでした。私は，バスに乗
っている時も食事の時も，Nさんに沢山声掛けを行いました。Nさんは，普段施設に
いる時よりは笑顔が見られましたが，私は「Nさんは楽しんでいるのかな」と少し不
安になりました。

　旅行の後，Nさんはお土産に買ったブレスレットを何度も何度も見せてきてくれま
した。実習最終日の見送りの時も，Nさんは泣きそうになりながらブレスレットを指
さしていました。「旅行楽しかったよ」と言っているように感じました。【Mさん】

▼「ブレスレットで気持ちを表す」では，障碍があるNさんは旅行のお土産で買ったブレスレットを見せて「楽しかった」という気持ちを表現しました。気持ちを表現する手段は，言葉以外にも表情や仕草，身振り，実物や写真などたくさんあります（第2部第2章参照）。このエピソードは，言葉を話さなくても，受け取ろうとする人がいれば気持ちはきちんと伝わるということを示しています。

気持ちを理解する　　　　　　　　　　【1年次の保育実習Ⅰ（保育所）】

　実習最終日，5歳クラスを担当しました。卒園を控え，自分の身の回りはもちろん，ほとんど人の手を借りないで過ごす子どもがほとんどでした。その中で，T君は先生の話も聞かずに遊んでいたりして落ち着きのない子でした。

　ある日，先生が製作活動の説明をしていた時，T君は全く話を聞いていなかったので，先生はT君に注意しました。すると，T君は怒って廊下に行ってしまいました。私は追いかけようとしましたが，そのままそっとしておきました。しばらくすると，T君は教室に戻ってきて，製作活動を始めました。T君は話を聞いてなかったからやり方が分からないだろうと思ったので，そっとT君の元へ行き，製作のやり方を教えました。すると，T君は「ありがとう。S君に虫がついていたんだ」と一言言いました。T君は話を聞いていなかったのではなく，S君（隣の子）についていた虫を取ってあげようとしていたのだと分かりました。T君は，口調は少し強いけれど心はとても優しい子で，ただ伝えることが不器用なのだと思いました。

　お別れの時，T君は私に「製作一緒にやってくれてありがとう。学校でお勉強頑張ってね。また遊んでね！」と言ってくれました。

　子どもでも自分の考えはしっかり持っていて，それを理解するには，その子を知ろうと思う気持ちが大切だと思いました。　　　　　　　　　　　　　　【Oさん】

▼「気持ちを理解する」では，先生はT君の行動を見て注意しましたが，T君の行動には理由がありました。T君の気持ちを理解できて，T君を見る学生の目は温かいものに変わりました。T君は落ち着きがない子ではなく，友達を気遣う優しい子でした。気持ちを理解することは，子どもを深く，肯定的に理解することに繋がります。

子どもの目線　　　　　　　　　　　　【2年次の教育実習（幼稚園）】

　自由遊びが終わり教室に戻る時に，A君（4歳）はジャングルジムからなかなか降りてきませんでした。私はジャングルジムの下から「お片づけの時間だから一緒に教室に戻ろう」と声を掛けましたが，A君は「嫌だ，もう少し」と言って話を聞き入れてくれませんでした。少し待っても降りてこないので，私もジャングルジムに登ってみました。すると，「もう少し，もう少し…」と小さな声でA君が言った後に，少し

遠くに電車が通るのが見えました。私はA君が電車を見たかったことが分かり、「電車かっこいいね」「いつも見ているの？」と声を掛けると、「うん！」と笑顔で返事を返してくれました。その後は、満足した様子で教室に戻って行きました。この時私は、子どもの目線になって気持ちを考えることの大切さを知ることができました。

【Yさん】

▼「子どもの目線」は、子どもの行動に付き合う中で、子どもの気持ちに気付くことが出来たという報告です。学生は、下からは見えなかった子どもの気持ちを、ジャングルジムに登って子どもと同じ目線になることで見付けることができました。このエピソードは、子どもの不可解な行動は、子どもの大切な心の表現であることを示しています。私達大人は、子ども達の行動の奥に隠れている心を見付けて、気持ちに寄り添った対応を心掛けることが求められます。

朝の会でピアノを弾く
幼稚園での教育実習（参加・総合）

紙芝居を読む
保育所での保育実習Ⅰ

78　第2部　心が育つための支援

第2章　心を伝え合う

　気持ちを伝えるコトバ[注2]は，話し言葉以外にも沢山あります。ここでは，子どもや障碍がある方と気持ちを伝え合うコトバにはどのようなものがあるのか，それらのコトバを育て人との繋がりを深めるために保育者はどのような姿勢を大切にしなければならないのかを，学生達のエピソードを通して探ります。

注2　本書でコトバと記す時は，梅津八三氏（1967, 1974, 1976, 1977）の信号の定義を参考にして，ある人の行動を引き起こす他の人の行動及びその構成物を信号と呼んでいます。

第1節　気持ちを聴く

　「聞く」という文字には自然に耳に入ってくる音や声を感じ取るという意味がありますが，「聴く」という文字には耳を傾けて気持ちを心で受け止めるという意味があります。人は誰でも，言葉でうまく気持ちを表現出来ないことがあります。ですから，聴き手は，言葉を耳で聞くだけでなく，言葉にならない気持ちを心で聴くことが求められます。話し手は，誰かに気持ちを聴いてもらうことで，不安を軽減し，心を安定させることが出来ます。

不安な気持ち　　　　　　　　　　　　　　　　【2年次の教育実習（幼稚園）】
　甘えたがりやの女の子がいて，その子は普段元気なのに急に「お腹が痛い」や「気持ち悪い」と言ってきました。毎日そのような日が続きました。担任の先生は「その子のお母さんは今妊娠しているから，気持ちが不安定で甘えたいんだよ」と教えてくれました。その話を聞いてから，その子が具合が悪いと言ってきたら，「どうしたの？大丈夫？こっちにおいで，お熱測ってあげるからね」と優しい言葉をかけ一緒にいるようにしました。すると，すぐ元気になりました。　　　　　　　　　　　　　【Yさん】

膝の上に座りたかった　　　　　　　　　　　　【1年次の保育実習Ⅰ（保育所）】
　K君は私の膝の上によく座りたがりました。K君が座っていると，M君が必ず「H先生が足痛くなっちゃうよ！座るのだめ！」と言ってきました。私は「大丈夫だよ，痛くないよ！」と言っていたのですが，M君の本音は，自分も私の膝の上に乗りたかったらしく，K君にどいてほしくて言っていたようでした。「痛くないから，じゃあK君とM君代わりばんこに座ろうか！」と言ったら，M君はとても嬉しそうに乗ってき

ました。 【Hさん】

シールを余分に欲しがる 【2年次の教育実習（幼稚園）】

　シール遊びをする子ども達に，私はシールを配っていました。シールは1人2枚までとルールがあるのに，一人の男の子が「もう1枚ちょうだい！」と私の所に来ました。私が「1人2枚までのお約束だからダメだよ」と言うと，しょんぼりして席に戻りました。戻った男の子を見ていると，隣の席の控え目な女の子の頭を撫で，なだめている様でした。それで，私は近付き話を聞くと，女の子が恥ずかしくて私に「シールください」と言えなかったので，男の子が代わりに私の所に来たことが分かりました。

　子どもが訴える「言葉」だけで判断するのではなく，その言葉の裏にある「気持ち」を受け止めることが大事だなと感じました。 【Oさん】

子どもの気持ちを聴く 【2年次の教育実習（幼稚園）】

　K君は，実習初日から，毎日私を蹴ってきたり，頭突きをしてきたり，叩いてきたりしました。「こっち見るなよ」とか「あっちいけ」と言われたりして，とても落ち込む日が続き，K君とは仲良く出来ないのかな，と思っていました。

　しかし，実習4，5日目，K君の前で昼食をとっていた時もやはり，食べていた物を私に吹き付けてきたり，箸を落として「先生が拾ってよ」などと言ったりしましたが，私は「K君がこの箸を上手に使えること知ってるんだけどなぁ」と言いながらK君に箸を渡しました。しばらくして，K君が「先生！」と呼んだので見てみると，それまでほとんど食べていなかったお弁当を全部食べたのを見せてくれました。私は，K君をたくさん褒めました。K君は，自分を見てほしい，構ってほしいという気持ちを，蹴ったり，強い口調で言ったりして伝えているのだと気付きました。

　それからは，K君の目を見て，目の奥には何を訴えているのか，しっかり気持ちを聴くようにしました。しかし，K君のしたいことを分からないと，乱暴されることがありました。その時は，優しく目を見て「ごめんね。でもね，ここ痛いよ」と伝えると，K君も悲しい顔になり止めるようになりました。

　最後の日，私がメダルをプレゼントすると，K君が真面目な表情で「いつも遊んでくれてありがとう」と言ってくれました。そして，K君は，バス通園なのでバスに乗り込んだ時，「先生。勉強頑張ってね」と言ってくれました。私は，とても感動して，涙が出ました。子どもの気持ちを聴くことはとても大切だと思いました。

【Uさん】

▼**「不安な気持ち」**では，毎日のように体調不良を訴える女の子がいました。お母さんが妊娠していて甘えたいのだと知った学生は，優しく言葉を掛け不安な気持ちを受け止めました。女の子にとって，保育者の優しさが最良の薬でした。**「膝の上に座りたかった」**では，K君が学生の膝の上に座っていたら，M君がK君を注意しました。でも，本当は，M君は自分も座りたかったのでした。学生は，ちゃんとM君の本音を受け止め，「代わりばんこに座ろう！」と提案しました。**「シールを余分に欲しがる」**では，「もう1枚ちょうだい」という男の子の言葉には，控え目な女の子のことを思いやる気持ちが隠されていました。**「子どもの気持ちを聴く」**では，学生は乱暴な言動の奥にあるK君の気持ちに気付き，気持ちを聴くようにしたら，K君との関係が改善しました。

　上記の4つのエピソードはいずれも，表面的な言葉の奥にある子どもの気持ちを聴くことの大切さを示唆しています。

ちゃんと話を聞く　　　　　　　　【2年次の保育実習Ⅰ（障害者支援施設）】

　実習中，ある利用者さんが話し掛けてきてくれたのですが，何を話しているのかなかなか理解できず，適当に相づちを打って聞いていると，どこか他の所へ行ってしまいました。

　これではいけないと気付き，またその利用者さんと話をした時，聞き取れない事は「ごめんなさい。もう1回ゆっくり言ってもらえますか？」と聞き直すと，快くもう1回ゆっくりと話をしてくれました。それで，やっと言いたい事が分かり，「○○ですね？」と声を掛けると，とても嬉しそうに笑ってくれました。それからは，ほぼ毎日，近くに寄ってきてくれるようになり，話をたくさんしました。

　この経験から，相手の気持ちを受け止めることがどれだけ大切か分かった気がしました。　　　　　　　　　　　　　　　　　　　　　　　　　　　　【Sさん】

気持ちを受け取る　　　　　【2年次の保育実習Ⅰ（知的障害者更生施設）】

　Aさんは言葉をうまくしゃべれず，こちらの言葉は理解して下さるのですが，Aさんからの言葉は理解しにくかったです。急いでいる時など，Aさんに呼び止められても「○○ですので，また後で……」と言ってしまうことが多くなりました。すると，Aさんの気持ちが不安定になり，他の人を叩いたりしてしまいました。後に職員の方に「Aさんは実習生と話がしたいんだって」と聞き，Aさんとお話をするようにしました。「うん，うん」と頷くことしか出来なかったのですが，Aさんは気持ちが落ち着き，元の笑顔になってくれました。

　利用者さんの気持ちをくみ取ることが大切なのだと実感しました。　　【Tさん】

第2章 心を伝え合う　81

▼学生達は，実習先で障碍がある方の話をきちんと聴くように努め，信頼関係を深めていきました。障碍がある方の言葉は，聞き取りにくいことがあります。**「ちゃんと話を聞く」**では，学生は，分からないまま適当に相づちを打つのではなく，聞き直すようにしました。**「気持ちを受け取る」**では，最初は聞き流していたけれど，これではいけないと反省し，途中からきちんと聞くようにしました。

短い言葉の意味　　　　　　　　　　　　　　【2年次の教育実習（幼稚園）】

　庭で遊んでいる時，バッタを取っては私のもとに「バッタ，バッタ」と言って見せに来る子（年少）がいました。私は最初「バッタだねー」としか言わず，一緒にバッタを見ているだけでした。しかし，それが何回か続いたので，私が「じゃぁ一緒にもう1回行って，大きいバッタを探そうか」と言うと，喜んで付いてきてくれました。その子は一緒にバッタを見つけたくて話し掛けてくれていたのだなと思った瞬間でした。子ども達の短い言葉の中には，様々な意味が含まれているのだなと感じました。

【Mさん】

言葉の意味を探す　　　　　　　　　　　　　【2年次の教育実習（幼稚園）】

　私が担当した3歳児は個性的な子が多く，中でもR君は落ち着きがなく，すぐ出歩いてしまったり，自分の思い通りにいかないと騒いでしまったりする子でした。

　R君はブランコが好きで，「先生，ブランコ押して」といつも言ってきました。しかし，R君の発する言葉は聞き取りづらく，ひたすら耳を傾けて，目線を追うようにしました。

　ある時，大好きなブランコを押していると，R君が必死で言葉を発していました。私は何を言っているのか全く分からなかったので，ブランコから見える景色を言ってみました。「いえがあるね」と。すると，R君は笑顔で頷きました。子どもの目線の高さでは分からず，ブランコに乗り，目線が高い位置になることで見えてくるものがあるのだなと感じました。それが，R君にとっては家であり，必死で「いえ，いえ」と言っていたのだなと思いました。

　そしてまたある時，いつもと同じように「ブランコ押して」と言うので背中を押していると，何か言葉を発して嫌がっていました。それで，押すのを止めると，また「おして」と言ってきました。私は何を嫌がっているのか分からず，家に帰って母に相談してみたところ，「背中を押されることが嫌だったんじゃない」と言われました。そして次の日，ブランコを押す時は，持つ所を押してみると，気持ちよさそうに，笑顔でブランコを楽しんでいました。

　R君の言葉や気持ちを理解することは難しかったですが，だからこそ，理解し共感

できR君の笑顔が見られた時は，私まで嬉しい気持ちになりました。　　　【Eさん】

▼子どもの短い言葉や不明瞭な言葉の中には子どもの思いがたくさん詰まっています。**「短い言葉の意味」**や**「言葉の意味を探す」**は，こちらが聴こうとすれば，それらの言葉に含まれる豊かな意味が理解出来るようになるということを示しています。

　いずれのエピソードも，学生が子どもや障碍がある方の言葉や身振りを受け取る中で，少しずつその子その人の気持ちに近付いていった様子が描かれています。学生に気持ちを聴いてもらって子どもや障碍がある方が嬉しかったように，学生もまた子どもや障碍がある方の気持ちに近付くことが出来て嬉しかったと述べています。それは，「聴く」という行為を通して両者の気持ちが繋がったからだと思います。

第2節　言葉を掛ける

　相手の気持ちを汲み取り，気持ちに沿った言葉を掛けることで，相手は気持ちを分かってもらえたことを理解して，嬉しい気分になります。言葉を掛けるということは，言葉を教えることではなく，「分かったよ。あなたの気持ちは〜なのね」と伝えることだと思います。

気持ちに即した言葉掛け　　　　　　　　【2年次の教育実習（幼稚園）】

　最初，年中の男の子が泥団子を作ってきて，私に「ん！！」と渡してきました。私が「すごいねー。まんまるお団子だ。作るの上手だね」と言うと，その男の子は砂場に戻ってしまいました。

　私は何がいけなかったのかを考え，男の子がお団子を作ってきてくれるのを待ちました。しかし，その日は私のところへ持ってくることはなく，翌日にまた私のところに「ん！！」と言って泥団子を渡してきました。私が「おいしそうなお団子だ。いただきます。ごちそうさま」と言うと，男の子は満足そうに砂場に戻り，また泥団子を作り始めました。

　団子を褒めて欲しいのではなく，食べて欲しかったのだなと気付くことができました。

　　　　　　　　　　　　　　　　　　　　　　　　　　　　　　　　【Hさん】

言葉掛けの違い　　　　　　　　　　　　　　【２年次の教育実習（幼稚園）】

　幼稚園で実習していた時，Ｃちゃんがタオルをうまく畳めなかったので，私は全部やってあげるのではなく，少し手伝ってあげました。すると，Ｄちゃんが「先生，やって」と言ってきました。しかし，Ｄちゃんはいつも自分で出来ていたので，「Ｄちゃんはいつもきれいにできているよね」と言うと，Ｄちゃんは少しふくれ気味でした。それで，「ちゃんとできるか先生見ているね」と言うと，「見ていて！」と言って得意そうにきれいに畳みました。

　言葉掛けの違いで，こんなにも子どもの反応が違うのだなと思いました。

　　　　　　　　　　　　　　　　　　　　　　　　　　　　　　　　　【Ｋさん】

▼**「気持ちに即した言葉掛け」**では，泥団子を差し出す男の子に，学生が「上手だね」と言葉を掛けると，その子は不満そうに砂場に戻りました。別の日，泥団子を差し出すその子に，今度は「いただきます」と言いました。すると，その子は満足しました。**「言葉掛けの違い」**では，自分のことを見て欲しかったＤちゃんは，学生の「いつもできているよね」という言葉に不満を持ち，「できるか見ているね」という言葉に満足しました。

　これらのエピソードから，気持ちとかけ離れた言葉掛けに子ども達は不満を持ち，気持ちと合致した言葉掛けには満足を示すことが分かります。適切な言葉を掛けるには，相手の気持ちを知らなければなりません。言葉を掛けるということは，「あなたの気持ちは〜なのね」と伝えることだと思います。

信号を楽しむ　　　　　　　　　　　　　　【１年次の保育実習Ⅰ（保育所）】

　年少クラスにＳ君という男の子がいました。その子は，とても人なつっこい子で，私にもとてもなついてくれました。Ｓ君は言葉の発達が遅く，食べ物に対してこだわりがあり，集団行動が苦手な子でした。

　ある日，外で遊ぶ時間があったのですが，Ｓ君は一人で園舎の陰に行き，顔を地面につけてどこかを見ていました。私が近付いて「何しているの？」と聞いても，何も答えないで，ひたすらどこかを見て喜んでいました。

　次の日の外遊びでも，Ｓ君は同じことをしていました。私は何がそんなに楽しいのか分からなかったのですが，Ｓ君と同じように顔を地面につけ同じ方向を見ました。すると，遠くに道路の信号が赤から青，黄色から赤などと変わるのが見えました。私はこの時初めて，Ｓ君は信号を見て楽しんでいるのだと気付きました。私が「信号が赤とか青に変わるね！すごいね！」などと言うと，Ｓ君はニコニコして私の手をギュッと握ってきました。

　子どもの目線になってみると，今子どもが楽しんでいることなどが分かるのだなと

84　第2部　心が育つための支援

思いました。　　　　　　　　　　　　　　　　　　　　　【Mさん】

青い空　　　　　　　　　　【2年次の保育実習Ⅰ（障害者支援施設）】

　実習した施設で，毎朝散歩するAさんという女性利用者さんがいました。いつも決まった場所まで歩き，決まった場所で地面に寝転がりました。私は最初，そんなAさんに「おはようございます」としか声を掛けていませんでした。

　実習の終わり頃に，Aさんにただ挨拶するだけではなく，Aさんと同じ物を見て「何か見えるんですか？青い空ですね」と言葉を掛けました。すると，Aさんは私の手を引き，空を指差して笑っていました。このことから，青い空に共感してくれたことが嬉しかったのだなと思いました。　　　　　　　　　　　　　　　【Tさん】

▼相手の気持ちが分からない時は，その人がしていることを同じようにやってみることで気持ちが分かることがあります。**「信号を楽しむ」**と**「青い空」**では，学生は，子どもや利用者の方と同じ目線になってみることで，S君やAさんが見ている物を理解しました。そして，「分かったよ。〜だね」と学生が言葉を掛けたことで，S君やAさんは気持ちが繋がったことを知り，嬉しかったのだと思います。

肯定的な声掛け　　　　　　　　【2年次の保育実習Ⅱ（保育所）】

　ある男の子が車に乗って遊んでいると，別の女の子が「乗りたいんだけど，貸してくれないの」と言ってきました。男の子はその遊具が大好きでいつも遊んでいるのですが，誰にも貸そうとしませんでした。私が「○○君，△△ちゃんも乗りたいんだって。貸してあげよう。○○君，いつも乗っているでしょう」と声を掛けました。すると，「やだ。僕のだもん」と言って貸そうとしませんでした。女の子は「いい」と言って，違う遊びにいきました。

　私が鬼ごっこをしていると，その男の子も「まぜて」と言ってきました。でも，男の子は車に乗ったままでした。私が「危ないから車はダメだよ」と言うと，男の子は「やらない」と少し怒ってしまいました。

　その時は何とも思わなかったのですが，後で考えてみると，その子にとってキツイ言い方をしたと思いました。私が言った言葉は，その子が入ってはダメというふうに聞こえたかもしれません。「車に乗ったままだと危ないから，車から降りてやろうね」などの言い方をすれば良かったと思いました。　　　　　　　　　【Kさん】

▼**「肯定的な声掛け」**では，学生は「車（に乗ったままだと）ダメだよ」と否定的に言うのではなく，「車から降りてやろうね」と好ましい参加の仕方を伝えれば良かったと反省しま

した。

　大人が望まない行動を子どもがした時も，子どもの行動の奥にある気持ちを受け止め，「痛かったね」とか「鬼ごっこしたいんだね」などと気持ちを言葉にしてあげることを忘れてはならないと思います。その上で，こちらの気持ちを伝える場合，「〜しちゃダメ」と子どもの行動を否定するのではなく，「こうしようね」とか「こうしてほしいな」などと大人が望む行動を伝えた方が，子どもの心に抵抗なく届くと思います。前述したように（第2部第1章第2節），大人は子どもの行動を否定したつもりでも，子どもは自分の存在を否定されたと思い，不安に陥ることがあります。

第3節　気持ちを伝え合う

　先ず私達が子どもや障碍がある方の気持ちを受け止めると，子どもや障碍がある方も私達の言葉に耳を傾けてくれるようになります。それと同時に，一層はっきりと自分の気持ちを伝えるようになります。子どもや障碍がある方の気持ちを受け止める関係から，相互に気持ちを伝え合う関係へと広げていきたいと思います。

　「嫌だ」と伝える　　　　　　　　　　　　　【1年次の保育実習Ⅰ（保育所）】

　Y君（4歳）は自閉症と多動の障碍があると言われていました。Y君は実習生が好きらしく，私がY君のクラスに配属された時，椅子に座る私の膝にいつも乗ってきました。ところが，Y君は，先生がお話したり，ペープサートで劇をしたりしていても全く見たり聞いたりせず，膝に乗りながらずっと私の方を向き，私の服の襟元から胸元に手を入れようとしてきました。「Y君，ダメだよ。先生のお話聞こうね」と言っても，Y君は「大丈夫」の一点張りで，私の言うことを全く聞き入れてくれませんでした。

　次の日，室内遊びをしている時間，またY君は私の元へ来てくれました。Y君はおんぶや抱っこも好きだったので，ずっとおんぶや抱っこをしてあげていました。その際にも，胸元に手を入れようとしたので，私は少し考えてから，「Y君，先生，こういうことされると嫌な気持ちだなぁ。泣いちゃうなぁ」と言うと，「ダメ」と言って手を入れることを止めてくれました。「よかった，ありがとう」と言うと，Y君はそれ以降，手を入れてこなくなりました。

　私はこの時，Y君は友達との係わりはあまりないものの，相手の気持ちを理解し，思いやることができる子なのだと実感しました。こうして，相手はどんな気持ちかを伝えることで子ども達は思いやりの心を育んでくれるのかなと思いました。

　　　　　　　　　　　　　　　　　　　　　　　　　　　　　　　　　【Nさん】

86　第2部　心が育つための支援

　　自分の気持ちを伝える　　　　　　　　　　【2年次の保育実習Ⅱ（保育所）】
　　　T君（5歳）は，少し乱暴なところがある男の子でした。
　　　ある時，T君を含めて何人かの男の子達と遊んでいると，突然T君に名札を取ら
　れ，隠されてしまいました。私が困っていたら，先生が「T君は，本当はお姉さんと
　遊びたいんだけど，それがかなわなくてそんな事をしてしまったのだから，T君が落
　ち着いた頃に自分の気持ちを伝えて，聞いてみるといいよ」とアドバイスを下さいま
　した。それで，先生に言われた通りに，「名札が無くて困っているんだ。どこにあ
　るのか教えてくれる？」と自分の気持ちをT君に伝えたところ，T君はすぐに名札を
　返してくれました。
　　　私も，子どもを叱るのではなく，先生のように子どもの気持ちを察し，子どもの気
　持ちに沿った言葉掛けができるようになりたいと思いました。　　　　　　【Oさん】

▼「『嫌だ』と伝える」と「自分の気持ちを伝える」でも，子どもが学生の言葉を素直に聞
けたのは，学生が子どもの気持ちを受け止める中で築いた信頼関係が根底にあるからだと思
います。子どもにしてみれば，自分の気持ちを受け止めてくれた人の言葉だから素直に聞く
ことが出来たのだと思います。また，学生は，子どもの困った行動を責めるのではなく，
「困っている」「嫌だなぁ」と自分の気持ちを伝えるようにしました。子どもを責める言葉
は子どもを傷付けますが，気持ちを伝える言葉はその人への理解を深めます。子どもにして
みれば，自分にとって大切な人が困っている，嫌がっていることが分かったから，自分の行
動を改める気になったのだと思います。更に，学生が述べているように，相手がどのような
気持ちかを伝えていく中で，子ども達は，最初は言われて気付いた相手の気持ちを，やがて
は言われなくても気付けるようになっていくのだと思います。

　　「大好き」と伝える　　　　　　　　　　　【2年次の教育実習（幼稚園）】
　　　4歳児担当になった時，いつも力を入れて叩いたり蹴ったりしてくるYちゃんとい
　う女の子がいました。最初は私のことを受け入れてくれないからかなと思っていまし
　たが，Yちゃんは実習が終わりに近付くにつれて次第に甘えてきて，「もっと遊びた
　い」「いなくならないで」と言うようになりました。その時私は，Yちゃんの乱暴な
　行動は愛情表現なのだと気付きました。
　　　また，最終日には手紙をもらいました。そこには だいすき と書いてあり，Yちゃ
　んに「Yちゃん，先生のこと好きなんだぁ〜」と言うと，また叩いて逃げて行きまし
　た。その後，Yちゃんの所へ行き「大好きな人に『大好き』って伝えると，お友達も
　喜ぶし，もっともっとYちゃんのこと大好きになって，『大好き』って言ってくれる
　よ！　だから，お友達にも優しくして『大好き』って言ってみてね」とお話すると，

「先生大好き」と言ってくれました。私は「先生も，Ｙちゃん大好き」と伝えました。

Ｙちゃんの気持ちを受け止めた上で言葉による愛情表現を教えると良いのだと感じました。 【Ｍさん】

▼「『大好き』と伝える」では，乱暴な行動がＹちゃんの愛情表現だと気付いた学生は，言葉で「大好き」と伝えることを教えました。その後，Ｙちゃんと学生は，お互い「大好き」と気持ちを伝え合うようになりました。「大好き」という言葉は，人と人を繋ぐ魔法の言葉だと言えます。

第4節　コミュニケーション

コミュニケーションは，送り手と受け手の心のキャッチボールです。目を合わせてのコミュニケーション，笑顔を交わしてのコミュニケーション，身体に触れてのコミュニケーション，声を交わしてのコミュニケーション，動作を介してのコミュニケーション，物を使ってのコミュニケーション，言葉によるコミュニケーション。心が繋がれば，どれも大切なコミュニケーションだと思います。

一対一のコミュニケーション　　　　　　　【2年次の保育実習Ⅰ（乳児院）】

乳児院の子ども達は，自分を見てくれる大人を強く求めていました。「抱っこ」と自分の気持ちを素直に言ってくる子，遠くからじっとこちらを見つめ気持ちを伝える子。なかでもＲちゃんは，係わりを求める際に，私の髪を引っ張る等の行動で構って欲しいという気持ちを伝えてきました。表現は様々でしたが，乳児院ではいろいろな甘えの訴えが見られました。

集団の中の一人としない為にも，一人ひとりの気持ちを見つめ，一対一のコミュニケーションをたくさん取るようにしました。 【Ｉさん】

真似をする　　　　　　　　　　【2年次の保育実習Ⅰ（障害者支援施設）】

Ａさん（18歳）は言葉が苦手で，「アー」などの言葉しか話すことができず，いつも施設の床に腰を下ろしていました。そして，いつも手で床をこすったり，叩いたりしています。

私がＡさんに近付くと，Ａさんは背を向けて拒否しているように思えました。どうしたらＡさんとコミュニケーションが取れるか考えました。そして，学校の授業で

88　第2部　心が育つための支援

「模倣する」というコミュニケーションの方法を教わったことを思い出し，いつものように床をこすっているAさんの真似をして，私も床をこすったりしてみました。すると，Aさんもこすったり叩いたりして返してくれて，背を向けずに向き合ってくれました。それから，Aさんとは床をこすったり，叩いたりしてコミュニケーションを取ることができました。私が立ち上がると，私の手を持ち，床を叩くよう誘導してくれたこともあり，本当に嬉しかったです。

　Aさんと同じ事をすることによって，気持ちを通わすことができました。

【Kさん】

隣に座る　　　　　　　　　　　　【2年次の保育実習Ⅰ（知的障害者更生施設）】

　私は実習の初め，利用者の方とどのように係わればいいのか分かりませんでした。利用者の方の隣に座っても，話は続かず，すぐに終わってしまい，コミュニケーションを取る難しさを実感しました。そんな時，職員の方に相談すると「隣に座っているだけでいい。そこから一緒に見つめて笑ったり，手が体に触れたり，それだけでいい」と言われました。また，「そこからどんどん発展していくから，焦らなくていい」と助言を受けました。

　私は会話だけがコミュニケーションだと考えていて，すごく見方が狭いと感じました。その日から，たくさんの利用者の方の隣に座り，一人ひとりと焦らず落ち着いて係わることができました。

【Mさん】

歌でコミュニケーション　　　　　【2年次の保育実習Ⅰ（知的障害者更生施設）】

　通所部にいた時のことでした。利用者の方の中に知的の障碍が重く，自閉が強いMさんがいました。Mさんは言葉が上手く話せなくて，椅子に座っていることが多い方でした。Mさんは言葉の意味は分からないけど，歌を歌うことが好きでした。カラオケを行った時も，Mさんなりに歌っていました。

　通所部では比較的に自由時間が多く，Mさんは椅子に座ってテレビを眺めている姿が目立ちました。私は，Mさんの横に座っても，Mさんが会話を上手に出来ないので，コミュニケーションをどのように取っていいのか悩みました。沈黙に耐えられず，私が歌を口ずさむと，Mさんが知っていた曲だったのか歌ってくれました。その後も一緒に歌を口ずさんでいました。時間になり，私が洗濯物を畳んでいると，いつもは出歩かないMさんが私の所に来てくれました。その時は，とても嬉しかったです。「洗濯が終わったら，もう一度やりましょう」と声を掛け，Mさんを椅子の所へ

連れて行きました。

　言葉でのコミュニケーションは取れないけれど，音やリズムを通じて利用者の方と接することが出来たので良かったと思いました。　　　　　　　　　　【Mさん】

人形を使って声を掛ける　　　　　　　　　【2年次の保育実習Ⅱ（保育所）】

　R君（年少）は我が強く，思い通りに行かないと他人に手を出したり，私の腕を噛んだりしていました。最初は，どうすればよいか分からず，いつの間にかその子を避けてしまっていました。しかし，誰とも遊ばずに一人で寂しそうにしている時に，人形を使って声を掛けると，とても楽しそうに笑っていました。それからずっと，R君は私の所にその人形を持ってきては声を掛け，私と遊びました。そして，R君はその人形を使って友達に「遊ぼう」と声を掛けられるようになりました。

　R君は一人でいる寂しさを理解して欲しくて，暴言を吐いたり，手を出したりしていたのだと気付きました。それが，人形が一緒にいる事で心強くなったのだと思います。人形を使って，人との係わり方を見つけられたのだと思います。　　　【Yさん】

包帯でコミュニケーション　　　　【2年次の保育実習Ⅰ（知的障害者更生施設）】

　腕に包帯を巻いている利用者さんがいました。実習生の所に来ては，その包帯をしばってと表現してきました。何日か経って気付いたのですが，その包帯は取れてしまうのではなく，自分でほどいていたのでした。おとなしい方だったので，人との係わりを求めて，こうして話のきっかけを作ってくれていたのだと思いました。

　　　　　　　　　　　　　　　　　　　　　　　　　　　　　　　【Kさん】

▼普段私達は言葉でコミュニケーションを取っていると思いがちですが，実は言葉以外にも，表情や身振りなど様々な手段でコミュニケーションを取っています。実習先で学生達は，乳幼児や障碍がある方達との係わりを通して，様々なコミュニケーションの形があることに気付きました。

　「一対一のコミュニケーション」では，乳児院の子ども達が，言葉以外に，学生をじっと見たり，学生の髪を引っ張ったりして気持ちを伝えてきたことを報告しています。一人ひとりと丁寧に向き合えば，目線や乱暴な行動でも十分気持ちが伝わるということを示唆しています。

　一方，「真似をする」では，学生が，利用者の方がしている行動を真似することでコミュニケーションが成立したことを報告しています。一見不可解な行動であっても，その子その人がしている行動にはその子その人の心があります。同じようにやってみることで，その子

90　第2部　心が育つための支援

その人の心に近付くことが出来ます。

「隣に座る」と**「歌でコミュニケーション」**も，障碍がある方との言葉によらないコミュニケーションの報告です。障碍がある方の場合，言葉が苦手な方が多いので，学生達は言葉以外のコミュニケーションの方法を探りました。そして，隣に座ったり，歌を歌ったり様々な形のコミュニケーションが生まれました。**「人形を使って声を掛ける」**や**「包帯でコミュニケーション」**では，人形や包帯等の物を介することがコミュニケーションのきっかけ作りに役立つことを報告しています。

いずれのエピソードも，相手の方と気持ちを通わせたいという思いが，様々な形のコミュニケーションを生み出すということを示唆しています。たとえ言葉を交わさなくても，心を通い合わすことが出来れば全て立派なコミュニケーションだと言えます。

第5節　目線・表情・動きから思いを読み取る

子どもや障碍がある方の目線の先に思いがあります。表情や何気ない動きにも思いが隠されています。これらの行動から私達が思いを読み取ることで，信頼が育ちます。信頼が育つと，子どもや障碍がある方は意図的にもっとはっきりと自分の気持ちを伝えてくれるようになります[注3]。

目線の先には……　　　　　　　　　　　　【1年次の保育実習Ⅰ（保育所）】

私は今回の11日間の実習で，1歳児から5歳児すべての子ども達と係わることができました。4・5歳児のクラスに入った時，W君（5歳）という男の子がいました。W君には障碍がありました。

実習9日目（4・5歳児クラスでは2日目）の午睡前，子ども達みんながパジャマに着替えている中，W君だけは着替えずに空をずっと見上げていました。私は先生からW君の着替えの援助を頼まれていたので，W君に「着替えて，お布団入ろう？」と声を掛けました。しかし，W君は私の声に反応せず，ずっと空を見ていました。私はW君と同じ目線の位置にしゃがみ，空を見上げました。すると，そこには雀が電線の上にとまっていました。「雀さんがいるね」と声を掛けると，W君は頷きながら「もう1匹（羽）いたんだよ」と教えてくれました。「そうだったのね。雀さん可愛いね」と私が言うと，W君は笑顔で頷いてくれました。そして「パジャマに着替えてから，もう一度見ようか？」と声を掛けてみると，W君は「脱がして」というバンザイをしてくれました。

それから，W君は私のところに来ては甘えるようになりました。子どもの目線になり，気持ちを読み取り，寄り添うことはとても大切だと改めて知ることができました。

【Sさん】

心は笑顔　　　　　　　　　　　　　　【1年次の保育実習Ⅰ（保育所）】

　2歳児クラス担当の時に，おとなしくて，あまり笑顔を見せず，クラスの中でも目立たない男の子がいました。その子は，遊ぶ時も友達と遊ぶというよりは1人で遊んでいたり，ボーっとしていたりすることが多く，不思議な感じの子でした。

　私が話し掛けても，笑ったり，話をしたりするわけではなく，自分のペースのままでした。しかし，その子はきちんとしていないと嫌なのか，布団が掛かっていなかったり，服のたたみ方がきたなかったりすると，自分の思うように直していました。先生は「まじめなのよね」と言っていました。

　そして，排泄の時，トイレが済んで，何も言わずに私の前に立っていました。私が「どうしたの？」と聞いても何も言わなかったので，その子の目線を追ってみると，自分の服の裾の方を触ったり，見たりしていました。そこで，私は，下着がズボンにしまえているか確認してほしかったのかなと思いました。私が，「大丈夫だよ，一人でしまえてえらいね」と言うと，何も言わずにクラスに走っていきました。

　表情はあまり無い子でしたが，心は笑顔になれたのかなと思いました。【Eさん】

▼「目線の先には……」と「心は笑顔」では，学生は子どもの目線や表情や動きから気持ちを理解しました。そして，分かった気持ちを言葉にしたことで子どもと心が繋がり，信頼関係を深めることが出来ました。

　上記のエピソードの中の子どもの目線や表情や動きは伝達を意図したものではなかったと思います。それでも，そこから気持ちを受け取る人がいれば，これらの行動もコトバになります。梅津八三氏（1967, 1974, 1976, 1977）はこれらのコトバを自成信号[注4]と名付けました。これらのコトバを受け取り続ける中から，やがて伝達を意図したコトバが作り出されます。梅津氏はこれらのコトバを構成信号[注5]と名付けました。中野尚彦氏（2009）は，「構成信号は自成信号を培養体として成立する」と述べています。言い換えるなら，周囲の「分かろう」とする姿勢が，本人の「伝えたい」という気持ちを育てます。

視線に気付く　　　　　　　　　　　【2年次の保育実習Ⅰ（知的障害者更生施設）】

　実習中，ほぼ毎日昼食時に，Aさん（女性）の食事介助をしました。Aさんは食への欲求が比較的強く，食べ物を一気にかき込んで喉に詰まらせてしまうことがあります。それで，少量ずつ小皿に取ってAさんに渡すのが私の役割でした。支援中，私がおかずを取ろうとすると，Aさんに手で止められ，「もういらないのかな？」と思って小皿を受け取ろうとしても，"渡してくれない"ということが何度かありました。「どうしてかな？」と考えながら支援を続けるうちに，Aさんの行動に気付きました。Aさんは，小皿の中身を食べ終えて，次の分を取るために小皿を差し出す時，次

に食べたい物の方をじっと見つめていました。そして，それと違う食べ物に私が手を伸ばすと，すぐに私の手を止めました。Ａさんの視線に気付いてからは，食事がスムーズに進められるようになりました。

　視線からＡさんの一面を理解することができ嬉しかったです。　　　　　【Ｋさん】

目線の先　　　　　　　　　　　【２年次の保育実習Ⅲ（知的障害児通園施設）】

　Ｏ君（５歳）は肢体不自由のある男の子でした。Ｏ君は自分の体を支えることは出来ますが，補助なしに歩行することは出来ません。その為，Ｏ君は周囲をよく見渡していて，自分の気になるものを見つけるとじっと見つめて声を出していました。

　ある日，Ｏ君の様子を見ていると，何かをじっと見つめているようでした。私はＯ君の目線に合わせてみました。すると，目線の先にはおもちゃがありました。押すと音が出るおもちゃです。そのおもちゃをＯ君の目の前に持っていき鳴らしてみせると，Ｏ君は嬉しそうな表情をしていました。

　言葉に出さなくても目線で何かを伝えることも出来るのだと思いました。

【Ｎさん】

▼「視線に気付く」や「目線の先」では，障碍がある方の気持ちを，目線や表情や動きから受け取ることの大切さが報告されています。利用児（者）の方達は，欲しい物に目を向け，嫌な時は手で制止し，嬉しい時は笑いました。学生がこのような目線や表情や動きから利用児（者）の方の気持ちに気付いた時，学生と利用児（者）の方の心が繋がりました。

　子どもや障碍がある方が言葉を話さなくても，私達が目線や表情や動きといった微かなサイン（自成信号）から気持ちを読み取ることで，広い意味でのコミュニケーションが成立します。子どもや障碍がある方は，気持ちを分かってくれる大人に対して次第にはっきりと自分の気持ちを表現するようになります。これらの目線や表情や動きから気持ちを読み取ることが，コミュニケーションの出発点だと思います。

コミュニケーションの跡　　　　　【２年次の保育実習Ⅲ（知的障害児通園施設）】

　私が実習した園に，自閉症があるＫ君（５歳）という男の子がいました。Ｋ君は言葉が話せなくて，身振りや「アー，アー」という声で自分の気持ちを伝えていました。最初は，何を言いたいのか，どうして欲しいのか分かりませんでした。Ｋ君の伝え方の１つに，「引っ掻く」という行動がありました。どうして引っ掻くのか分かろうとしましたが，なかなか分かってあげることができませんでした。

　しかし，Ｋ君が引っ掻くことは，ちゃんと意味があったのです。"イヤダ"という意味もあったのですが，一番強い気持ちは"モットアソンデ"でした。Ｋ君はくるく

る回る物が大好きで，おもちゃを回してあげると，とても喜んでいました。それを止めると，私や保育者の手を取り，引っ掻いたりしてきました。再び回すと，またニコニコと楽しそうにしていました。K君にとって回るものを見ることがとても楽しい時間だったので，止めてしまった時は，"モット，モット"という意味で引っ掻きました。

　私の腕は傷だらけになりましたが，それはK君とのコミュニケーションの跡であって，もっと早く気付いてあげられたら良かったなと思いました。　　　　　　【Uさん】

▼「コミュニケーションの跡」では，障碍があるK君は，引っ掻く行動で"イヤダ""モットアソンデ"と気持ちを表現しました。学生は，腕を傷だらけにしながらも，K君の気持ちに気付きました。気持ちを受け取ってくれる人がいることで，K君の引っ掻く行動（自成信号）は，もっとはっきりと気持ちを伝えるコトバ（構成信号）に変わっていくことと思います。

注3　目線から気持ちを読み取ることの大切さを最初に教えてくれたのは美由紀ちゃんという重い障碍があるお子さんでした。その後美由紀ちゃんは，周囲に心を開き，様々なコトバを作り出して気持ちを伝えるようになりました。美由紀ちゃんとの20年以上にわたる係わりの一端は，拙稿「重い障碍を持った少女における人との心の繋がりの深まり」（小竹，2011）にまとめました。

注4・注5　自成信号・構成信号は，梅津八三氏の用語です。本書では，梅津氏の信号の定義を参考にして，ある人の行動を引き起こす他の人の行動及びその構成物をコトバと呼んでいます。図5は，梅津氏の信号系の系譜を表しています。図中の象徴信号と分子合成信号については次節をご参照下さい。

図5　梅津八三氏の信号系の系譜図

第6節　様々なコトバ

　子どもが言葉を話さなくても，その目線や表情や動きから思いを読み取ることが出来ます。その過程で信頼関係が成り立てば，子どもは大人の言葉に耳を傾け始めます。また，自分の思いをもっとはっきりと伝えたいという意欲を持ち始めます。そうすると，手を引いたり，発声・指差し・絵・身振りといった様々なコトバを子ども自身が生み出し，思いを伝え合ったり，やりとりを楽しんだりするようになります。これらの様々なコトバが話し言葉の芽になります。言葉を話すということは，これらの様々なコトバによるやりとりの延長線上に起きる出来事だと思います。このようなコトバが育つ道筋は，障碍がある方もない方も同じだと考えています注6。

〈選択状況〉

> **“選ぶ”ことの大切さ**　　　　【2年次の保育実習Ⅰ（医療型障害児入所施設）】
>
> 　重症心身障害児・者の施設での実習で，私はCさん（成人女性）の担当をさせて頂きました。その方は身体障碍と知的障碍があり，機嫌の良い悪いがはっきりと分かる方でした。
>
> 　実習1週目はCさんの事が全く分からず，私が係わると怒ったような表情をしたり，体を揺さぶったりして嫌がりました。Cさんは言葉が無いので，「○○してほしい」と言うことはできません。ですから，私は自分の中で予測を立てながら係わるしかありませんでした。
>
> 　実習2週目に入る前の休日，私はCさんとの係わり方をどのようにすれば良いか考えました。そして私はCさんの意思を確認できるように“選択肢”を用意してみる事にしました。今までは「○○しますね」と言っていたのを，例えば，整髪の時間に「髪を縛っても良いですか？」と聞いてみたり，靴を見せながら「赤い靴が良いですか？白い靴が良いですか？」と聞いてみたりしました。すると，わずかでしたが，YESの方で手を挙げるような仕草をしてくれた事に気付きました。私はCさんのその行動を見て驚いたと同時に，とても嬉しく思いました。
>
> 　後で職員にその事を報告したら，「選択肢を与えたことはとても良い判断でした。ここにいる方々は自分で何かをしたいと思っても，それを伝えるということがなかなかできないし，決まった生活をしているので，選択肢があり“選ぶ”ことができることは人生を豊かにしてくれます」と言って頂きました。私はこの経験を通して，“選ぶ”ことの大切さを学びました。　　　　　　　　　　　　　　【Tさん】

▼重い障碍があり言葉を話すことができなくても，**「“選ぶ”ことの大切さ」**で学生がしたよ

うに選択肢を用意することで，手を挙げて気持ちを伝えることが出来ます。選択状況は，受け取る側には分かり易く，伝える側には答え易い状況だと言えます。Ｃさんの気持ちを受け取ることが出来て学生が嬉しかったように，気持ちを伝えることが出来たＣさんも嬉しかったと思います。

〈身振り・手話・指文字〉

様々なコトバ　　　　　　　　　　【２年次の保育実習Ⅰ（障害者支援施設）】

　実習中にレクリエーションの日がありました。そのため利用者の方を外へ誘導をしていると，廊下に座っていたＮさん（男性）が，私の顔を見て何かを指差していました。Ｎさんは言葉を話せない方でした。私はＮさんが何を指差しているのか知りたくて，Ｎさんの隣に行き，同じ目線になって指差す方向を見ました。しかし，Ｎさんが何を指差しているのか分からず，返事に困りました。Ｎさんは私の腕を掴み，私の立つ位置を変え，再び指を差しました。再び指差す方向を見ると，そこにはシャボン玉が置いてありました。その時，私はＮさんの指差す物がシャボン玉であることを理解しました。そして，私がＮさんに「これからシャボン玉やるのですか？　楽しみですね」と声を掛けると，笑顔を見せて頷きました。

　Ｎさんのコトバは指を差すだけでなく，腕を掴んで私の位置を変えてくれたことも「コッチニ来ルト見エルヨ」というＮさんのコトバであったと感じました。また，Ｎさんが私に見せた笑顔は，言葉が伝わったという安心感であったと考えました。障碍のある方の言葉は様々であり，その言葉に気付くことで利用者の方とのコミュニケーションに繋がっていくのだと思いました。　　　　　　　　　　　　　　　【Ｎさん】

▼「様々なコトバ」では，気持ちを分かろうとする学生に，利用者の方は伝え方を工夫して，一層はっきりと気持ちを表現しました。保育者が子どもや利用者の方の気持ちを分かろうとすることで，子どもや利用者の方は保育者を信頼して受け入れたり，安心して自分の気持ちを伝えたりしてくれるのだと思います。

手話を受け取る　　　　　　　【２年次の保育実習Ⅰ（知的障害者更生施設）】

　Ａさんは，ショートステイで一日だけ施設を利用されました。Ａさんは，話をするのが苦手だったため，広げた五指の親指と人差し指を軽く曲げて"トイレ"の手話を表していました。最初は気付かなかったのですが，学校の授業で手話の勉強をやったので，少しして"トイレ"の手話だと気付きました。「トイレですか？」と聞くと，歩いてトイレに向かいました。手話が分かって利用者さんの気持ちを知ることが出来てよかったです。　　　　　　　　　　　　　　　　　　　　　　　　　　　　【Ｋさん】

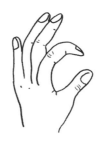

手話や指文字を教わる　　　　　　　　【2年次の保育実習Ⅰ（障害者支援施設）】

　Tさん（通所の方，23歳男性）とKさん（通所の方，23歳男性）は二人とも耳が聴こえない方で，指文字や手話で会話をされていました。私は初めは筆談で話をしていたのですが，職員の方と指文字で会話しているのを見て，学校の授業で覚えた指文字で話し掛けてみることにしました。

　Tさんは指文字を教えて下さり，私が間違った指文字を使っていても，とても真剣に聞いて下さいました。また，Kさんは作業の休憩の時に手話の本を見て，"ミンナ"などの手話を教えて下さいました。いつも笑顔の方で，私もKさんのように明るく生きたいと思いました。

　私は自分の耳が聴こえなかったら，こんなに明るく生活出来ていただろうかと考えました。障碍があっても，障碍とうまく付き合いながらその人らしく生きることは大切だと思いました。　　　　　　　　　　　　　　　　　　　　　　　　【Ｉさん】

手話で"アリガトウ"　　　　　　　　　【2年次の保育実習Ⅰ（児童養護施設）】

　難聴の子どもがいました。その子は生まれた時から耳が聴こえなかったのではなくて，少しずつ進行し最近になって急に聴こえが悪くなったそうです。施設では，職員の方が耳元で大きな声でゆっくりしゃべることにより，彼は話を理解して言葉にしていました。

　私は，完全に聴こえなくなる前に彼のために何か出来る事はないかと考えました。彼は，自分のために何かをしてもらったりすると，「ありがとう」を言葉にします。それを見て，授業で勉強した手話を思い出しました。その子がこれからたくさんの人に出会う時，必ず誰かの助けをかりる時に感謝の気持ちを忘れないでほしいと，その日から「ありがとう」という言葉に手話を加えてありがとうの気持ちを伝え続けました。

　実習最後の日，耳元で「今日でバイバイだからね」と言うと，私を見て"アリガトウ"と手話をしてくれました。私は，鳥肌が立つくらい感動し，彼の将来のために少

しでも役立てることが出来て良かったと思いました。　　　　　　　　　【Tさん】

指文字表　　　　　　　　　　　　　　　　　【1年次の保育実習Ⅰ（保育所）】

　4歳児クラスにH君という男の子がいました。H君は耳があまり聞こえないようで，補聴器を付けて保育園に来ていました。先生とのコミュニケーション手段は，指文字や身振り手振りなどでした。H君のクラスには，壁に指文字の表が貼ってあり，子ども達はそれを見て指文字を使い，H君と簡単な会話をしていました。

　H君は遊んでいても途中でどこかに行ったりしてしまい，私はあまり係わる機会がありませんでした。誕生会の日，保育室からホールに移動するために並んでいる時，何気なくH君の隣に私が行くと，エプロンに付いている名札を見て指文字で私の名前を作ってくれ，H君は笑顔で私のことを見ました。私はとても嬉しく思い，H君の手を取り，笑顔で「ありがとう」と言うと，H君もまた笑顔になりました。それから，室内遊びのときに一緒に遊んでくれるようになりました。言葉はよく話せないけれど，H君が少しでも私に興味を持ってくれたことがとても嬉しかったです。

【Kさん】

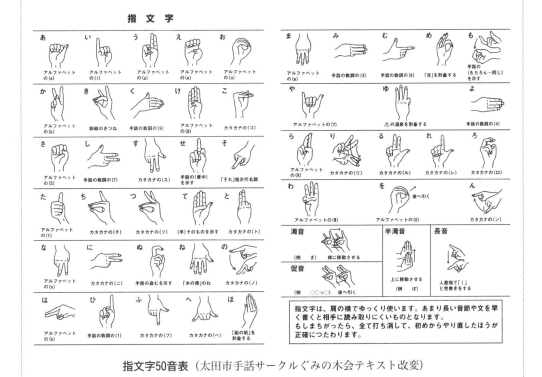

指文字50音表（太田市手話サークルぐみの木会テキスト改変）

▼「手話を受け取る」では，最初分からなかった利用者の方の手話の意味を学生は諦めずに

理解しようと努め，その結果利用者の方の気持ちに気付くことが出来ました。学生が分かろうとしたから，利用者の方も伝えようとしてくれたのだと思います。**「手話や指文字を教わる」**と**「手話で"アリガトウ"」**では，学生達も，身振りや学校の授業で習った手話や指文字を使って子どもや利用者の方とコミュニケーションを図り，気持ちが伝わった喜びを報告しています。たとえ手話を知らなくても，身振りで十分気持ちは伝わります。大事なことは，相手と気持ちを通わせたいという思いだと思います。

　「指文字表」では，難聴のH君の為に保育室に指文字表が貼られていて，先生だけでなく子ども達も指文字表を見てH君と簡単な会話を交わしていたことが報告されています。指文字がクラスの共通言語になれば，言葉が聞こえないというH君の障碍は障碍でなくなります。

〈写真・絵〉

絵を描いて伝える　　　　　　　　【2年次の保育実習Ⅰ（知的障害者更生施設）】

　「あー，うー」としか言葉を発する事が出来ない利用者さんがいました。私は，「○○ですか？」などと質問しましたが，首を振って何も話さなくなってしまいました。私は，何を伝えてくれたのか知りたくて，近くにあった紙にカラオケをした絵を描くと，「あー」と笑い手を叩き喜んでくれました。何か少しでも気持ちが通じたようで嬉しかったです。　　　　　　　　　　　　　　　　　　　　【Tさん】

写真や身振りを理解する　　　　　【2年次の保育実習Ⅰ（知的障害者更生施設）】

　言葉がない利用者さんが写真を見せて「あーあー」と言ってきたので，「写真に○○さん写っていますね」と声を掛けました。「何の写真ですか？」と聞くと，はちまきをして，太鼓をたたく真似をしていました。それで，「太鼓をたたいているのですね。お祭りですか？」と聞くと，嬉しそうに笑って頷いてくれました。　【Tさん】

第2章　心を伝え合う　99

絵での会話　　　　　　　　　　　　　　【2年次の教育実習（幼稚園）】

　G君（5歳）はフィリピンから来たばかりで，言葉があまり通じず，先生方は身振り手振りで伝えていました。G君も一生懸命伝えようとしていましたが，理解するのに時間が掛かってしまいました。

　G君は絵を描く事が好きなので，よく絵を描いて見せに来てくれました。その中には昨日の話であったり，今日の天気であったり，絵を通して表現していました。私はその絵を見て「昨日歯医者に行ったの？先生に診てもらってきたんだね」とか，雨が降って傘をさしている絵の時は「雨降っているね！今日の天気描いたの？」などと話しました。すると，G君は「うん，うん」と笑顔で頷いていました。

　言葉で話すのは難しくても，絵を使って表現してもらう事で会話をする事が出来ました。絵での会話は，国が違っても通じ合えるので，全国共通のコトバなのかなと感じました。　　　　　　　　　　　　　　　　　　　　　　　　　　　　　　【Mさん】

▼「絵を描いて伝える」・「写真や身振りを理解する」・「絵での会話」では，子どもや利用者の方と学生が写真や絵も使ってお互い気持ちを伝え合いました。身振りと同様，写真や絵は，伝えたい事象を象徴的に表しているので，とても分かり易いコトバだと言えます。

〈文字〉

平仮名５０音表を指差して伝える　【2年次の保育実習Ⅰ（知的障害者更生施設）】

　Ｓさんは，言葉を話すことが出来ないために，いつもポケットに平仮名５０音表を入れていました。Ｓさんは何か伝えたいことがあると表を取り出し，相手に持ってもらい表を広げさせます。それをＳさんが一文字ずつ指差し，気持ちを伝えます。

　ある日私がトイレを掃除している時に，Ｓさんが来ました。私から挨拶をすると，Ｓさんが平仮名５０音表を取り出したので，会話をしていました。その時に職員の方が来て，「Ｓさん，作業中だよ！学生さんは仕事をしているから邪魔したらだめだよ」と言われてしまい，Ｓさんは他の所へ行ってしまいました（私から挨拶をしたのに…）。

　午後の作業中に，またＳさんに会いました。Ｓさんが平仮名５０音表を出したので見ると，ごめんねと 指差しました。「私も悪かったので…」と会話をしていたら，別の職員の方にまた怒られてしまいました。作業中に私も話していたのに，Ｓさんのみが怒られてしまったので悲しくなりました。

　休憩時間にＳさんに謝りに行くと，Ｓさんは平仮名５０音表を広げて，はなしかけないでください と指差しました。私が悪いのでこう言われても仕方ないと思い，「さっきはすみませんでした。作業中以外に話しましょうね」と答えました。

100　第2部　心が育つための支援

　すると，その日の夕飯後に，Ｓさんから話し掛けないでと言ったことについて説明
をしてくれました。それは，私の仕事の邪魔になってしまうのでという理由でした。
Ｓさんばかりが怒られていたのに，私のことを気にしてくれていて，Ｓさんの優しさ
がとても嬉しかった反面，なんだか申し訳ない気持ちになりました。　　【Ｓさん】

文字や手話を受け取る　　　　　　　【２年次の保育実習Ⅰ（障害者支援施設）】

　Ｓさん（２１歳，男性）は身体に障碍があり，言葉をうまく話せませんでした。初
めは作業班が違ったので，係わる機会がありませんでした。しかし，同じ作業班にな
ってからは，私が持っていたメモ帳にＳさんが文字を書いたり，お互い手話で簡単
な挨拶をしたりして，係わりを持ちました。例えば，Ｓさんがメモ帳に 人気のゲー
ムソフト知っていますか と書いてきたので，私は「昔からポケモンとか人気ですよ
ね」と言葉で答えました。また，私が「Ｓさんは何のゲームが好きですか？」と言葉
で尋ねると， ＤＳ　スーパーファミコン と書いてくれました。

　別の日には，Ｓさんが自分から私に紙に文字を書いて持ってきてくれることもあり
ました。そのことを担当の職員の方に話したら，Ｓさんはなかなか自分から係わろう
としない方だったそうです。身体に障碍があるし，言葉もうまく話せないからだそう
です。しかし，私がメモ帳を使ってＳさんと正面から係わったので，「Ｓさんは話を
理解しようとしてくれていると思って，自分から係わろうとしてきたのだと思う」と
職員の方に言って頂きました。その話を聞き，私も頑張ってＳさんと係わることがで
き，嬉しく思いました。
　　　　　　　　　　　　　　　　　　　　　　　　　　　　　　　　　　【Ｕさん】

▼「平仮名５０音表を指差して伝える」や「文字や手話を受け取る」では，学生達は，言葉
をうまく話せない利用者の方と文字を使っていろんな気持ちを伝え合いました。ある方は平
仮名５０音表の文字を指差し，ある方はメモ帳に文字を書いて気持ちを伝えました。文字を
使えば自由に単語を作れるので，かなり複雑な内容の会話が可能になります。

　言葉を話さなくても，伝えようとする気持ちと，受け取ろうとする気持ちがあれば，様々
なコトバが生まれます。学生達は，子どもや障碍がある方と様々なコトバを交わしてコミュ
ニケーションを取ってきました。

　身振り・絵・写真等のコトバは，それが意味する事象との類似性を有しているコトバ（梅
津氏は象徴信号と名付けました。梅津氏の信号の系譜図は前節の注４・注５の図５を参照）
であり，意味する事象との類似性が乏しい音声言語や文字等よりも対応付けが容易です。従
って，コトバの育ちを援助する時，先ず身振りや写真等を使ったコミュニケーションの成立
を図り，それを土台にして，次に音声言語や文字等によるコミュニケーションの成立を図る
のが妥当と考えられます。一方，音声言語や文字は，音素や文字といった要素を組み合わせ

て自由に意味のある単語を作ることが出来るコトバ（梅津氏は分子合成信号と名付けました）です。従って，その獲得は難しくても，一度獲得されれば無限に単語や文を作り出すことが出来るとても便利なコトバです。

　学生達のエピソードが示すように，身振りの他に手話や指文字・写真や絵・文字など，その人に合った多様なコトバを活用することが，言葉を話せない方のコミュニケーションを広げる助けになります。ただし，例えば写真や絵カードを見せて「さあ，選びなさい」と選択を求めると，そのことが圧力となり伝える意欲を萎縮させる場合があります。様々なコトバをどのように使うかを決めるのは本人であり，周囲が強要することは避けなければなりません。鯨岡峻氏（2008）は障碍がある方とのコミュニケーションについて，「相手に伝えさせることから始まるのではなく，こちらが分かろうと努めるところから始まるのです」と述べています。伝えなければ気持ちを受け取らないのではなく，目線や表情や動きなど（梅津氏の言う自成信号）も含めてあらゆるコトバから気持ちを受け取ろうとする姿勢が大切だと言えます。

注6　受け取る人がいれば子ども達は自ら自分のコトバを生み出していきます。子ども達が様々なコトバを生み出していった経過については，拙稿「子供達の思いを探して」（小竹，1996）や「コトバが育つための援助」（小竹・小関，2017印刷中）等に紹介してあります。

102　第2部　心が育つための支援

第3章　心を調整する

　人は様々な行動を起こして自分の気持ちを調整しています。既に言葉を獲得している私達は，言葉を使って考え，気持ちを調整することが出来ます。本章では，まだ十分言葉を獲得していない子どもや障碍がある方はどのようにして気持ちを調整しているのか，安心して過ごすために保育者はどのような援助が可能なのかを，学生達のエピソードを通して考えます。

第1節　気持ちの調整

　人は気持ちが乱れた時や不安に陥った時，細やかな調整が出来なくなり，暴れたり，泣き叫んだり，閉じこもったりすることがあります。しかし，これらの激しい行動も，気持ちを立て直そうとする必死の調整の姿です。周囲がそのことを理解し，本人の辛い気持ちを受け止め，寄り添うことで，次第により穏やかな行動で気持ちを立て直すことが出来るようになっていくのだと思います。

自分で気持ちを静める　　　　　　　　　【2年次の保育実習II（保育所）】

　T君（5歳）は，思い通りにならないと荒れてしまうことがありました。ある日，ご飯を食べようとT君が誘ってくれたのですが，両隣はもう約束している男の子がいました。それで，「今日は約束しちゃったから隣では食べられないんだ。でも前は空いているから一緒に食べよう」と言うと，「ヤダ，ヤダ」と言って，私が掃除している道具を投げたり，みんなの傘を投げたり，すごく荒れてしまいました。何と声を掛けてもT君のイライラは増してしまうばかりで，困ってしまいました。

　すると，先生が「今はほっといてあげて。T君も今，自分と葛藤していると思うの」とアドバイスを下さったので，私はほうきを拾って，掃除を続けました。T君は，落ち着いたなと思ったら，自分が投げた傘などを自ら片付け始めました。その後，先生と少し話していました。先生が何と声を掛けたのかは分からなかったのですが，T君が私に「今日，前で一緒に食べよう」と言ってくれたので，とても嬉しかったです。T君に「ありがとう。お姉ちゃん，T君と一緒に食べられてすごく嬉しいよ」と伝えたら，とてもいい笑顔で笑ってくれました。　　　　　　　　　　　　　【Oさん】

▼ **「自分で気持ちを静める」**のT君は，気持ちが乱れた時に物を投げましたが，気持ちが落

ち着くと自ら投げた物を拾いました。このエピソードが示唆しているように，その子その人に合った気持ちの静め方があり，激しい行動にも乱れた気持ちを静める調整機能があります。周囲がその意味を理解して温かく見守る中で，人は次第に穏やかな調整の仕方を獲得していくことが出来るのだと思います。

声を掛け抱きしめる　　　　　　　　　　　　　　　【1年次の保育実習Ⅰ（保育所）】

　私は，3歳児クラスを実習中に2日間担当する事になりました。クラスの子ども達と過ごす中でA君という落ち着きのない子と係わる機会がたくさんありました。

　実習2日目トランポリンをする時間に，A君は列の最後に並ぶことになってしまいました。A君は順番を待つ中で，何度も立ち上がったり，順番が待てずトランポリンの方へ行こうとしたりしていました。隣で座っていた私は，A君にどう声掛けをしようかと考え，A君に「A君もかっこよく座れるかな」「先生と一緒に頑張って待ってようか」などと声を掛けると，A君は必死に手をグーッと握りながら順番を待っていました。そのA君を後ろから抱きしめると，力を抜いて自分の順番まで待つことができました。

　他の子には静かに座って待つ事は普通のことかもしれませんが，A君の中では，とても大きな課題だったと思います。そんな時にどう声を掛けるか，対応をするかで大きく変わっていくのだなと学ばせてもらいました。また，一生懸命頑張ろうとするA君にとても感動しました。　　　　　　　　　　　　　　　　　　　　　　　　【Tさん】

傍にいて気持ちを受け止める　　　　　　　　　　　【2年次の教育実習（幼稚園）】

　実習に行った時にT君（5歳児）という人懐っこい男の子がいました。T君はいつも元気で明るくとてもしっかりした子だったので，私は何も気にせず遊んでいました。

　実習2週目の月曜日からプールがあり，T君は水泳が得意なようですごく楽しみにしていました。いざ，月曜日になるとT君は体調もよく準備もできてプールに入る気満々だったのですが，お母さんがハンコを押すのを忘れてしまいプールに入れなくなってしまいました。そのことを先生がT君に伝えると，「やだやだ！」と大泣きしてなかなか収まりませんでした。

　私はしばらくT君の傍にいて，落ち着いてから「プール入りたかったね。先生も見たかったから次見せてね」と言い抱きしめました。すると，T君は涙を流しながらも，「今日は粘土で我慢する」と言って納得したようでした。

　保育後，先生と話をしている時に，T君は自分が予想していたことと違う事が起きるとパニックを起こしてしまうという話を聞きました。そのような時，私は

104 第2部 心が育つための支援

何をしたらいいのか分からなかったのですが、「T君の傍に居てくれてありがとう」と先生に言って頂いたので、それで良かったのだと思うことができました。いつもは優しいT君が大泣きしているのを見てびっくりしましたが、傍にいて気持ちを受け止めてあげるだけでも子どもは落ち着くことができるのだと知りました。　　　　　　　　　　　　　　　　　　　　　　　　　　　　　　　　　【Sさん】

寄り添う　　　　　　　　　　　　【2年次の保育実習I（障害者支援施設）】
　A君（18歳）は、自分の気持ちを抑えることができず、興奮してしまうといつも自分の頭をこぶしで叩いてしまう自傷行為が見られました。泣きながらも自分の手で自分を叩いている姿がとても痛々しく、私が「A君、痛いよ」と手を止め、隣に寄り添い肩を組むと、A君は落ち着いた様子になりました。肩を組むことで、自分の手が頭に行きづらくなるので、自傷行為を抑えることができました。A君とは何度かそのような時に接することがありました。
　ある日、A君が激しく泣きじゃくり、頭が割れてしまうのではないかと思うくらい頭を叩いていました。私がA君の傍に駆け寄ると、片方の手で自分を叩き、もう片方の手を私に差し伸べてきました。私はA君の自傷行為がおさまるよう寄り添い、傍にいました。落ち着いた様子だったので、離れようとすると、私の腕をぎゅっと掴み、離さずにいました。寂しかったのか、甘えたかったのか、理由は分かりませんでしたが、私が傍にいることで落ち着き安定できるならと思い、A君の傍にいてあげました。すると、激しい自傷行為はおさまり、A君は笑顔で1日を過ごしていました。
　　　　　　　　　　　　　　　　　　　　　　　　　　　　　　　　　【Nさん】

▼「声を掛け抱きしめる」・「傍にいて気持ちを受け止める」・「寄り添う」では、学生は子どもや利用者の方の傍に付いて辛い気持ちを受け止めてあげました。気持ちが大きく乱れ、自分一人の力で気持ちを立て直すことが難しい状況に陥っている時、学生達がしたように、誰かが傍にいて辛い気持ちに寄り添ってあげることで、人は動揺を鎮めて立ち直ることが出来るのだと思います。

時計の針で約束する　　　　　　　　　【2年次の保育実習II（保育所）】
　A君は「多動性障碍」がありました。みんなが静かにする時もずっと遊んでいたり、午睡の時間も寝ずに騒いでいたりして、いつも先生に怒られていました。
　集まりをする時に、他の子はきちんと並んで座っているのに、A君は他の保育室でブロックで遊んでいました。私が「集まりだから、行こうね」と声を掛けても、全く聞く耳を持たないので、「じゃあ、時計の針が12まで遊んで良いよ！でも、12に

なったら集まり行こうね」と約束をしました。こんな約束をしても無理かなと思っていましたが，約束の時間になると，きちんと遊びをやめ，「先生行こう！」と私を引っ張って集まりに参加しました。

　その子の間違っている所を叱るだけではなく，その子の言い分を聞き，少しだけ願望を叶えてあげることによって，子どもは満足し，きちんと話を分かってくれるのだなと思いました。「多動性障碍」の子だから話が分からないだろうと考えるのではなく，子どもの気持ちになって接することが大切だと思いました。　　　　　　　【Ｓさん】

代わりの行動で満足する　　　　　【２年次の保育実習Ⅰ（障害者支援施設）】

　Ｙさんという男性の利用者さんがいました。Ｙさんは背中に引っかき傷がたくさんある方で，職員の方には「背中はかかないでね」と私達は言われていました。

　しかし，ある時，Ｙさんが私の前に座り，背中を出して手を引っ張ってきました。でも，背中はかかないでと言われていたので，「服を着てください。背中がかゆいんですか？」と声を掛けると，大声を出してしまいました。

　その次の日も，私の前に座り背中を出してきたので，背中をトントンすると，落ち着いて座っていてくれました。それからは，私が座っていると前に座り，手を引っ張るので背中をトントンすると，満足して歩いていってしまうようになりました。

　　　　　　　　　　　　　　　　　　　　　　　　　　　　　　　　　【Ｈさん】

▼「時計の針で約束する」では，学生は子どもの気持ちを断ち切るのではなく，時間を決めて一旦受け止めてあげました。このエピソードは，時間的な見通しを持たせることで，気持ちの切り換えが一層スムーズになることを示唆しています。**「代わりの行動で満足する」**では，利用者の方に別の行動を提案すると，気持ちを切り換えることが出来ました。このエピソードは，「○○はダメだよ」と否定するだけでなく，「○○はダメだけど，△△ならいいよ」と代替案を提示してあげた方が気持ちの切り換えはスムーズにいくということを示唆しています。

　人によって気持ちの調整の仕方はいろいろあり，気持ちの立て直しを援助する方法もその子その人に合った工夫が必要なのだと思います。

第２節　こだわりを尊重する

　人は皆，何かにこだわることで心の安定を保っています。こだわりと言われる行動は，身を守るために一時必要な行動だと思います。無理に止めさせようとすると，不安が増し，こだわりは一層強まります。受け入れてあげることで，気持ちが安定すれば，こだわりはいつ

のまにか減少または消失します。

　木村允彦氏（2009）は，こだわりと言われる行動が，その子その人の生活の中で実は素晴らしい役割を担っている事実を詳しく紹介しています。即ち，特定のコトバを執拗に発することで必死に何かを伝えていたり，特定の物を持って歩くことで心の揺れを立て直していたりする姿を紹介し，こだわりを肯定的に受け止めることの大切さを指摘しています。

踏み切りを作る　　　　　　　　　　　　　　　　【2年次の教育実習（幼稚園）】

　私が実習した園に踏切が大好きな男の子がいました。私は，その子と直接係わることはなかったのですが，その担当の先生が次のような話をして下さいました。先生はその子のために折り紙で踏切を作ってあげたのですが，「違う」と言われ気に入ってもらえなかったそうです。何が違うのか実際に踏切を見に行ったところ，踏切の棒のところに垂れ下がるヒラヒラしたものがないことに気付いたそうです。そして，もう一度そのヒラヒラを折り紙で付けた踏切を作りその子に渡してみると，納得したようでずっと持っているそうです。

　確かに，私がその子を見かけると踏切の折り紙を持っていました。先生が言うには，踏切を持っていると安心していられるそうです。教室の壁には，少し大きめの踏切が作ってありました。ヒラヒラの部分はスズランテープでした。

　子どものこだわりを理解し，毎日安心して幼稚園へ来られるような配慮や工夫が大切であることが分かりました。また，何が違っていたのか，なぜ納得してもらえなかったのかを振り返り，実際に見に行ったり，追求したりすることで，子どもを更に理解することができるのだと思いました。　　　　　　　　　　　　　　　【Fさん】

笑顔の理由　　　　　　　　　　　　　　　　　【1年次の教育実習（幼稚園）】

　Aちゃん（5歳）は自閉症の障碍がありますが，笑顔が素敵な女の子です。

　Aちゃんのクラスに配属になって気になったことは，秋にもかかわらずAちゃんが氷を沢山入れた水筒を持参して，常にコップに氷を入れてスプーンで食べていたこと

でした。

　私はAちゃんと係わっていくうちに，Aちゃんは氷を食べることで心の安定を維持しているのだと思うようになりました。

　他の子どもが持ってこないからと止めさせるのではなく，この園の保育者の方のように，Aちゃんのこだわりを認めてあげることが，Aちゃんが毎日笑顔で園生活を送ることができる源なのだと感じました。　　　　　　　　　　　　　　　【Sさん】

▼「踏み切りを作る」では，担当の保育者は，踏み切りが好きな子のために，実際に踏み切りを見に行って実物そっくりの踏み切りを手作りしました。**「笑顔の理由」**では，Aちゃんが安心して過ごせるようにと，園ではAちゃんが好きな氷を自由に食べさせていました。これらのエピソードが示唆しているように，一人ひとりの気持ちが大事にされている園では，子ども達は保育者を信頼して，安心して過ごせるのだと思います。集団生活だという理由で皆と同じであることを強要するのではなく，一人ひとりの違いを尊重することが，どの子にとっても生き易い集団を形成するのだと思います。

ブロックのお守り　　　　　　　　　　　　　【2年次の教育実習（幼稚園）】

　3歳児にS君という男の子がいました。S君は様々な事に興味関心を持っていましたが，飽きやすく，一つの事に長く集中できませんでした。

　S君はブロックが好きで，いつもブロックを肌身離さず持っていました。昼食の際は，必ず席から離れブロックで遊び始めました。その行動は毎日見られていたので，私はS君が席をなるべく立たないように，ブロックを1つテーブルに置いて昼食を食べさせました。ブロックを置くことによって，S君はいつも以上に落ち着いて昼食を食べていました。

　S君にとって，ブロックはお守りだったのかもしれません。様々な事に興味関心を持っていたので，工夫するだけで集中力が伸びることが分かりました。　　【Mさん】

絵本がお守り　　　　　　　　　　　　　【1年次の保育実習Ⅰ（保育所）】

　Aちゃんは，いつも絵本が置いてある所に行って絵本を読んでいました。最初，私はAちゃんに自閉症の障碍があるとは知らずに，「今は絵本を読む時間じゃないよ」と声を掛けてしまいました。

　しかし，その子の一日の様子をよく観察してみると，先生方はAちゃんが絵本の所にいてもあまり気にせず，見守っているという様子だったので，Aちゃんのことを先生方に尋ねてみました。すると，Aちゃんは自閉症があるということが分かりました。

Aちゃんの様子を見ると，移動する時もずっと同じ絵本を持ち歩いていました。その絵本はAちゃんにとって，宝物のような，お守りのような物なのだなと思いました。その事に気が付いてからは，給食や製作の時にAちゃんが絵本を見ていても，その様子を見守るようにしました。また，移動の時にクラスの子ども達が移動してしまっても，Aちゃんが絵本を読み終わるまで一緒にいるようにしました。　【Tさん】

▼「ブロックのお守り」のS君は，様々な事に興味があって，１つの事に集中出来ませんでした。そこで，学生は，昼食の時にS君が好きなブロックを１つテーブルの上に置きました。すると，S君は落ち着いて昼食を食べることが出来ました。**「絵本がお守り」**では，自閉症があるAちゃんは，いつも同じ絵本を持ち歩いていました。S君にとってはブロックが，Aちゃんにとっては絵本が，気持ちを安定させるお守りの役割を持っているのだと思います。ですから，それらの物を，周囲が一方的に取り上げるのではなく，学生達がしたように大切に扱わなければならないのだと思います。

こだわりに付き合う　　　　　　　　　【２年次の保育実習Ⅲ（児童デイサービス）】

　K君（１０歳）は自閉症がある子で，縄跳びや紐をくるくる回すのが好きな男の子です。休み時間や昼食の時もずっと紐をくるくる回しており，K君にとって紐をくるくる回しているのはこだわりなのだと分かりました。

　昼食の時間になってもK君はずっと紐をくるくる回していて，「ご飯だよ。一緒に食べよ」と言ってもなかなか食べてくれませんでした。その時に，何気なくK君と同じように紐をくるくる回してみると，K君も喜んでくれました。何回かそれを続けると，満足してくれたのかご飯を一緒に食べてくれました。

　無理に取り上げたり，止めさせたりするのではなくて，その子のこだわりに付き合い，気持ちに共感することが大切だと思いました。　　　　　　　　　　　【Yさん】

紙ちぎりを許可する　　　　　　　　　【２年次の保育実習Ⅰ（知的障害者更生施設）】

　紙をちぎるのが大好きな利用者さんがいました。ある日，寝る前にやらせてほしいと言ってきた時がありましたが，職員の方に取られてしまい，怒って朝まで起きていました。

　次の日もやらせてくれと言ってきましたが，その日の別の職員の方は「いいよ」と快くやらせました。すると，嬉しそうにちぎってから，すぐに眠りに就きました。

　　　　　　　　　　　　　　　　　　　　　　　　　　　　　　　　　【Aさん】

▼**「こだわりに付き合う」**は，こだわりを受け入れ，それに付き合うことで，行動を円滑に

切り替えることが出来たことを報告しています。**「紙ちぎりを許可する」**では，紙をちぎることが好きな利用者の方は，紙ちぎりが出来なかった夜は，怒って朝まで起きていました。紙ちぎりが出来た夜は，すぐに眠りに就きました。これらのエピソードは，こだわりを禁止すると不安定な生活を強いることになり，こだわりを受け入れてあげることが安定した生活をもたらすということを示唆しています。

他の行動に誘う　　　　　　　　　　【２年次の保育実習Ⅰ（知的障害者更生施設）】

　散歩の際に，落ちているゴミをどうしても拾ってしまう利用者さんがいました。拾おうとした時はしっかり注意するよう職員の方に言われましたが，利用者さんと信頼関係を築きたかったので，あまり注意などしたくありませんでした。

　それで，ゴミに気が向かないよう，散歩の時に大きな声で歌を歌いました。すると，その利用者さんは，歌が好きなので一緒に口ずさんでくれて，ゴミ拾いを全くしませんでした。また，もう一人の利用者さんも，無表情だったのが，笑顔を見せてくれました。私の喉はカラカラになりましたが，本当に嬉しかったです。　【Gさん】

▼**「他の行動に誘う」**では，ゴミへの執着を強制的に止めさせるのではなく，楽しく歌を歌うことで気持ちがゴミから逸れて，結果的にゴミ拾いが起きなかったことが報告されています。ある行動を直接制止するのではなく，学生がしたように本人にとって魅力的な別の行動を用意することで，無理なく別の行動に切り換えることが大事だと思います。

　「こだわりは，かさぶたみたいなものだ」と言われます。かさぶたは傷を治すために一時必要なものであり，傷が治らないうちに無理にはがすと余計に傷を悪くします。傷が治るまで待っていれば，自然とはがれ落ちて無くなるものです。こだわりも，身を守るために一時必要な行動であり，無理に止めさせようとすると，不安が増し，一層強まります。受け入れてあげることで，気持ちが安定すれば，いつの間にか減少したり，消失したりするものだと思います。

第３節　「困った行動」

　「困った行動」とか「問題行動」と言われる行動は，周囲の人にとっては困った行動であっても，その行動の奥にはその子その人にとって大切な気持ちが隠されています。ですから，対症療法的に「困った行動」を叱責して抑制しても，根本的な気持ちの部分が解決していなければ，また別の「困った行動」が出現します。遠回りであっても，そのような行動を起こす理由を理解し，気持ちを受け止めてあげることが，結果として「困った行動」の減少，消失に繋がるのだと思います。

悪ふざけ－気持ちを見る－　　　　　　　　　　　【２年次の教育実習（幼稚園）】

　１５日間ずっと４歳児クラスに入りました。そのクラスにR君という男の子がいました。R君は目立つ事が大好きで，悪ふざけをして怒られてまで注目される事を楽しんでいました。でも，学校の授業で「行動ではなく気持ちを見る」事を教わり，私はR君の気持ちを常に考えるよう実習をしました。

　ある日，担任の先生から，R君の家は自営業で，保護者に構ってもらう時間が少なくて寂しい思いをしているのではないか，というお話を伺いました。担任の先生は，してはいけない事は他の子と同様きちんと伝えますが，R君という個人の事を深く考え，時には友達のように，時には保護者のように係わりを持っていました。

　私自身R君を見ていて，"構ってほしい"という気持ちが強い事が何となく伝わってきました。子どもが順次降園していき人数も少なくなった時，私はR君と接触を持ちました。ずっと抱っこしてみたり，ふざけ合ってみたり…。すると，R君はいつもの乱暴さもなく，素直に私と係わってくれました。更に，ハート型の手紙をたくさんくれて，「先生，大好き」と言ってくれました。

　R君が少しくらいは満足な時間を過ごせたかなと思うと，不思議とうれしい気持ちになりました。子どもの笑顔こそが自分の笑顔になります。とても幸せな実習でした。　　　　　　　　　　　　　　　　　　　　　　　　　　　　　　　　　　【Kさん】

教室を走る－不安な気持ちを理解する－　　　　　　　【２年次の教育実習（幼稚園）】

　私が実習させてもらったクラスに，教室でよく走り回り，転ぶ真似をしてクラスのみんなや先生の目を引く男の子がいました。先生は「教室では走らないで」「転んだら危ないよ」などその子に声を掛けていましたが，毎日その様なことがありました。

　私がそのことを先生に聞いてみると，「今，母親が妊娠中で，不安定になっているの。父親も仕事で忙しいから，園で気を引きたいみたい」と言っていました。それで，私は，次の日からその子と外で遊ぶようにしました。見かけたら声を掛けて，少しでも接することができるようにしました。すると，その男の子は保育室で走らなくなり，代わりに私の所に来るようになりました。

　子どもの不安な気持ちを察し，それに応えることにより子どもも応えてくれることが分かりました。子どもの気持ちを理解することによって，接し方も変わるなと思いました。　　　　　　　　　　　　　　　　　　　　　　　　　　　　　　　　　【Hさん】

唾をかける－叱って欲しい－　　　　　　　　　　　【１年次の教育実習（幼稚園）】

第3章 心を調整する 111

　４歳児のＡちゃんは家庭環境が複雑でお母さんにあまり面倒をみてもらえず，少し感情的になりやすい面がありました。

　最初４歳児クラスに行った時，Ａちゃんは壁側の端の方へ座り，私と目が合ってもすぐに逸らしていました。私はそっとしておいたのですが，そのうちＡちゃんの方から「先生！」と駆け寄ってきました。話をしているうちに，だんだん慣れてきたのか叩いてくるようになりました。私はその時，「Ａちゃんは，私の気持ちを試しているのかな？」と思い，何も言いませんでした。ですが，私が怒ったりしないと分かると，唾をかけてくるようになりました。それで，それまでは何も言いませんでしたが，「唾は人にかけちゃいけないよ」と言いました。すると，Ａちゃんは「先生，怒ってるの？」と，私の顔を覗き込んできました。それに対し，「怒ってないけど，唾をかけたら先生だけじゃなくてみんなが嫌がるよ」と言ったら，Ａちゃんは素直に「うん。わかった」と言って，その後は一度もしてこなくなりました。

　お母さんに面倒をみてもらえないということは，愛情を掛けてもらえないだけでなく，叱られることもないので，叱ってもらうことで「私のことを見てくれている」という安心感が欲しかったのではないのかなと思いました。　　　　　　　【Ｋさん】

▼「悪ふざけ」では，学生は，Ｒ君のふざける行動の背景に"構って欲しい"という気持ちを見て取りました。そこで，叱るのではなく，Ｒ君と沢山接触を持つようにしました。「**教室を走る**」では，学生は，教室を走り回る男の子の不安な気持ちを察して，注意するのではなく，その子と遊ぶようにしました。「**唾をかける**」では，学生は，普段親に構ってもらえない子どもにとって叱られることですら嬉しいことだということに気付きました。

　上記の三つのエピソードは，周囲にとって「困った行動」であっても，行動だけを見て叱ったり，制止したりするのではなく，そのような行動をする理由を理解し，気持ちを受け止めてあげることが大切であるということを示しています。気持ちに沿った対応を取り続けることで，「困った行動」は減少，消失していくということをこれらのエピソードは示しています。

　行動が遅い－優しさに気付く－　　　　　　　　【２年次の教育実習（幼稚園）】

　戸外の自由遊びの後は，音楽が流れ片付けが始まります。その後体操を行う為に園庭に整列します。Ｓ君は，日頃から他の子よりも行動が遅く，集団行動に馴染めていませんでした。

　その日も，いつものように体操の為に整列していましたが，Ｓ君は整列せずに砂場にいました。私は少し離れた所から，「Ｓ君！みんなと一緒に並ぶよ！」と何度も呼び掛けました。それでもＳ君はその場を動こうとしませんでした。それで，Ｓ君の元へ近寄って視線の先を見てみると，そこにはミミズが死んでいました。「ここにいる

112　第2部　心が育つための支援

とかわいそうだから，埋めてあげるんだよ」と言い，スコップでミミズを埋めて花を飾りお墓を作っていました。

　それからS君のことを気にするようになり，行動が遅れている理由を調べていると，友達のことを気遣う姿や，水道の水を止めていたり，トイレのスリッパを整えていたりしていたのでした。

　単に行動が遅い子とだけ思っていましたが，気に掛けてみると，親切で生き物や人を思いやれる，とても優しい子だったのです。それからはS君への声掛けが変わり，S君の視線や興味を引いているものを考えてから，その場に応じた声掛けをするようになりました。行動だけを見て遅いことを気にするのではなく，その子の心を見ることが大切だと思いました。　　　　　　　　　　　　　　　　　　　　　【Mさん】

▼ 「行動が遅い」では，学生は男の子の行動が遅いのは男の子がいろんなことに気を配っているからだと気付きました。「困った行動」と見ていた行動にはちゃんと理由があり，その行動の奥には優しい気持ちが隠されていました。保育者は，行動を気にするのではなく，その奥にある気持ちを見る温かい目を持つことが求められます。

上履きを脱がす－好きなようにさせる－

【2年次の保育実習Ⅰ（知的障害者更生施設）】

　実習中に，言葉が話せないTさんという方がいました。Tさんは私の上履きを脱がそうとしました。初めは「ダメですよ」などと言っていましたが，一度だけTさんの好きなようにさせました。すると，Tさんは上履きを脱がしてから，又私に履かせてくれました。そして，私の手を握り，Tさんの頭に乗せてなでなでをしました。

　Tさんは，褒めて欲しかったのだとその時に気付きました。利用者さんの気持ちを理解して対応することが大切だと思いました。　　　　　　　　　　　　　　　　【Ⅰさん】

机に乗る－「問題行動」の意味を考える－　　　【2年次の教育実習（幼稚園）】

　K君（年長）は，クラスの中でも元気な子です。ある日，平仮名のお勉強をしている時です。先生が黒板に平仮名を書き，書き順を説明している時に，K君は上半身が机に乗った状態で先生の話を聞いていました。私は，いつものようにふざけていると思ったので，姿勢を正すように声掛けしようとK君に近付きました。しかし，K君の目線に立って声掛けしようとすると，K君の席からは文字が先生の体に隠れて見えないことが分かりました。そのために，K君は机に乗った姿勢で話を聞いていたのだと気付きました。

　この経験を通して，「問題行動」をしていても，その行動には意味があるので，子

どもの行動から本当の気持ちに気付けるようになりたいと思いました。　【Tさん】

▼**「上履きを脱がす」**では，障碍者施設の利用者の方の上履きを脱がすという一見不可解な行動に対して，学生は制止するのではなく，受け入れてみることで，褒めて欲しかったのだ気付くことが出来ました。行動を制止すると意味が分からなくなりますが，行動を受け入れることで次第にその意味が見えてきます。**「机に乗る」**は，子どもの「困った行動」にも，必ずその子なりの理由があることを示しています。その理由は，子どもと同じ目線に立つことで分かることがあります。いずれのエピソードも，「困った行動」だけを見てそれを止めさせようとするのではなく，その行動を起こす理由を考えることの大切さを伝えています。理由が分かれば，気持ちに沿った対応が可能になります。

クラスがざわつく－静かに聞いている子をほめる－【2年次の教育実習（幼稚園）】

　年中さんクラスで朝の会を部分実習としてやらせて頂きました。私が朝の会を進めていると，K君（4歳）が話し始めて，そこからクラス全体がざわついてきました。私は，K君やその周りで話をしている子の名前を呼んで「今は何の時間ですか？」と声を掛け，注意を促しました。

　その日の反省会で，先生から「注意することも大切だけれど，静かに良い姿勢で話を聞いていた子をほめてあげることで，周りの子も刺激されてまた違った反応をしてくれるかもね」とアドバイスを頂きました。確かに，私は出来ていない子を注意するばかりで，出来ている子をほめることをしていませんでした。

　そこで，次の日の朝の会で，またクラスがざわつき始めた時に，良い姿勢で静かに話を聞いてくれていた子の名前を呼び，「○○ちゃんとても素敵です。姿勢がとても良くてカッコイイです」と声を掛けると，周りで話していた子達もその子の真似をして姿勢を直し始めました。

　叱ることや注意することも大切なことだと思いますが，それ以上にほめるということが，子ども達にとって良い刺激となり，やる気を起こさせる力となるということに改めて気付くことが出来ました。　　　　　　　　　　　　　　　　　【Yさん】

▼**「クラスがざわつく」**では，学生は，話している子を叱るのではなく，静かに聞いている子を褒めるようにしました。すると，話している子も静かになりました。このエピソードが示しているように，「困った行動」が起きると，私達はついその子に対する対応にばかり気を取られてしまいますが，一方できちんと出来ている周囲の子を褒めたり，認めたりすることを忘れてはならないと思います。静かに聞いている子がいたら，「静かに聞いてくれてありがとう」と感謝の気持ちを伝えれば，静かに聞いている子に自信や信頼といった心が育ちます。更に，静かに聞いていた子の行動が良い見本となり，話していた子にも静かに聞く気

114　第2部　心が育つための支援

持ちが波及することが期待されます。

　ただし，鯨岡峻氏（2004）が指摘しているように，褒めるという行為の使い方によっては，子どもの競争心を煽ったり，大人に褒めてもらいたくて子どもが自分の気持ちを素直に出せなくなったりする危険をはらむということを肝に銘じておかなくてはならないと思います。また，話している子に対しても，何故話をしているのか理由を考え，その子の気持ちを受け止めることを忘れてはならないと思います。

一番にこだわる－一番優しい人になる－　　　　　　【2年次の教育実習（幼稚園）】

　その子は年中クラスの男の子（4歳）でした。一番にいつもこだわっていて，何でも横入りをしてしまいました。私が「並ぼうね」と言っても，変わらず割り込んで入ってしまいました。それで，私が理由を聞くと，「ママが運動会で一等賞を取ったら褒めてくれたんだ」と笑って答えてくれました。私は，「そうなんだ！　すごいね！　それなら今度は一番優しい人になれるといいね」と伝えると，きちんと順番も守ることができるようになりました。

　こだわりを否定せずに受け止め，良い方向に導いてあげることができたので良かったです。　　　　　　　　　　　　　　　　　　　　　　　　　　　　　　　【Yさん】

▼「一番にこだわる」では，学生は，お母さんに褒めてもらいたくて一番になりたいという子どもの気持ちを受け止め，早さで一番になるのではなく，優しさで一番になることを提案しました。学生がしたように，こだわりを否定するのではなく，こだわりを活かして子どもの心を上手に伸ばしてあげたいと思います。

第4節　けんかの対応

　けんかを通して，子ども達はけんかの仕方や仲直りの仕方を学びます。

　子どもが自分の思いを通そうとした時，他の子の思いとぶつかり，けんかになることがあります。けんかをした子ども達にはお互い必ず理由があります。大人に気持ちを受け止めてもらう中で，子どもは相手の子どもにも気持ちがあることに気付き，譲ったり思いやったりすることができるようになるのだと思います。

けんかの対応の仕方の変化

　　　　　　　　　　【1年次の教育実習（幼稚園）と2年次の保育実習Ⅱ（保育所）】

　1年次の幼稚園での実習では，子ども同士のけんかの対応はとても困りました。お互いの話を聞いても何が原因か分からず，あまり理解しないまま「ごめんなさいしようね」の一言で終わらせてしまいました。子ども達も納得しない様子が見られました。

第3章　心を調整する　*115*

　　2年次の保育園での実習では，子ども同士がけんかをしてしまった時は，危険なことが起こらない限り少し見守ろうと思いました。子ども同士で何かに気付くことができるのではないかと思ったからです。すると，周りでけんかを見ていた子ども達が私に状況を教えてくれました。話を聞いて，けんかをしていた子ども達の側に行くと，自分達の口から話をしてくれました。周りで見ていた子ども達の話を聞き，当人達の話をしっかりと聞くことで，けんかをしてしまった子ども達も素直に謝ることができました。

　　けんかをしても自分達で気付けるように少し見守ることも大切なのだと感じました。

【Ｏさん】

▼「けんかの対応の仕方の変化」は，けんかの場面で1年次と2年次の対応の変化を報告しています。1年生の時には，喧嘩をした子どもの気持ちに関係なく，学生が一方的に解決を促す傾向が見られました。これでは，子どもは表面的に「ごめんね」と謝るだけで，心の底では納得することが出来ません。2年生になると，学生は子どもが自分で納得して解決出来るように，お互いの子どもの気持ちを聴き，見守る対応が取れるようになりました。

けんかをした子の気持ちを受け止める　　　　【1年次の教育実習（幼稚園）】

　　ある時，砂場で子ども達の遊びを見守っていた私に，突然年少児が話し掛けてきました。その子は泣きそうな顔をしていて何かを一生懸命話そうとしていましたが，言葉が聞き取りづらかったので手を引かれるままに付いて行くことにしました。すると，砂場から少し離れた木のそばで別の年少児二人が向かい合っていました。そのうちの一人Ａ君は難しい顔で立ちつくし，もう一人のＢ君は泣いていました。私は連れて来てくれた子にお礼を言い，二人に話を聞きました。

　　何も言わない二人の代わりに周囲にいた子ども達が「Ａ君がＢ君に砂をかけた」と教えてくれたので，「砂をかけちゃったの？」と優しく聞くとＡ君は黙ったまま頷きました。Ｂ君の目などに砂が入っていないことを確認してから，Ａ君に「どうして砂をかけちゃったの？」と問い掛けると，難しい顔をしたまま言葉に詰まりながら一生懸命「Ｂ君が僕のどろだんごを壊したから」と教えてくれましたが，Ａ君は話しながら泣き出してしまいました。次にＢ君にどうしてどろだんごを壊してしまったのかと問うと「だってわざとじゃないもん」とＢ君も泣き出しました。

　　周囲の話だけを聞くと単純にＡ君が砂をかけた加害者でＢ君がかけられた被害者になってしまいますが，きちんとお互いの話を聞けば，ただそれだけではないことが分かりました。Ａ君は一生懸命作ったどろだんごを壊されてしまったことが悲しく，Ｂ君は偶然どろだんごを壊してしまった罪悪感とわざとではないのに責められたことが悲しかったのだろうなと思いました。私は二人の間にしゃがみ，二人の手を握って話

116　第2部　心が育つための支援

をしていましたが，私の手を握る二人の力がとても強く，その力強さとまだ少ない語彙から一生懸命自分の気持ちを伝えようとする子ども達の姿にとても感動しました。

　私は二人の気持ちをそれぞれ受け止めた上で，A君には砂をかけたことを謝ろうねと，またB君にはわざとではなくても友達の大切なものを壊してしまった時は謝ろうねと促しました。そして，二人が仲直りして落ち着いた時，壊れてしまったA君のどろだんごをまた二人で一から作ろうと提案しました。私は，二人がそのまま手をつないで砂場へ走っていく姿を見守りましたが，その後も何度か様子を見に行き，他の友達も交えて仲良くおだんご作りをしている姿にほっと安心しました。　　　【Tさん】

▼「けんかをした子の気持ちを受け止める」は，けんかをした両者からけんかの理由やくやしい気持ち等を丁寧に聴くことの大切さを報告しています。子どもは大人に気持ちを受け止めてもらう中で落ち着きを取り戻し，やがて大人の言葉に耳を傾けたり大人の提案を納得して受け入れたりするようになります。更に，自分の気持ちを受け止めてもらった子は，他の子どもの気持ちに気付き，それを思いやることが出来るようになるのだと思います。

理由を代弁する　　　　　　　　　　　　　　　【2年次の保育実習Ⅱ（保育所）】

　年長クラスに障碍があるT君がいました。T君は友達とトラブルがあると，唾を吐く癖がありました。

　ある日，友達に唾を吐いている姿を見かけたので，優しく注意しました。でも走ってどこかへ行ってしまい，唾をかけられた子も「T君だからしょうがない…」と言っていました。

　次の日，T君がNちゃんに唾を吐いてしまい，強めの口調で注意すると，また走ってどこかへ行ってしまいました。その後，クラスで運動会の練習があったのですが，T君を探すと，教室の隅で泣いていました。T君に声を掛けると，「Nちゃんに謝る…先生も一緒」と言いました。なぜ唾を吐いたのか理由を聞くと，T君が取ろうとしたブロックをNちゃんが先に取って遊んでいたので唾を吐いたそうでした。Nちゃんの所へ一緒に謝りに行くと，Nちゃんは「いいよ」と言ってくれたものの表情が曇っていました。私がT君の気持ちを代弁して，なぜ唾を吐いてしまったのかを説明すると，ようやくNちゃんは納得してくれました。

　担任の先生に報告すると，T君が謝れたことを褒めていました。仲直りした後，運動会の練習を一緒にしている姿を見ることができました。少しですが子どもの成長をお手伝いすることができて嬉しかったです。　　　　　　　　　　　　　　　【Tさん】

第3章　心を調整する　*117*

つねった子の気持ち　　　　　　　　　【2年次の教育実習（幼稚園）】

　年少クラスに入り3日目，少し子ども達とも打ち解けてきて一緒に遊んでいる時，KちゃんとR君の喧嘩が始まりました。初めは仲良く二人で入園写真を見ていたのですが，KちゃんもR君も私にママの顔を教えたくて，「Kちゃんが先」「R君が先」と競争が始まってしまったのです。このままではいけないと思い二人をなだめたところ，KちゃんがR君をつねりました。私はその行為に対してこう言いました。「そんなことしたら痛いし，悲しくなっちゃうよね。駄目だよ」。しかし，Kちゃんは聞き入れません。その挙句，泣き出してしまい，結局私は泣き止ませることが出来ずに先生にバトンタッチしました。Kちゃんは帰るまでふて腐れていました。

　次の日に，Kちゃんと向き合い話をしました。そして，「どうしてもママを見てもらいたかった」というKちゃんの気持ちを改めて知り，子どもの気持ちをきちんと受け止め，声掛けを出来なかったことを反省しました。私はR君のことだけしか考えていなかったことに気が付きました。

　大切なことをKちゃんに教わり，それからは実習最後までKちゃんとも楽しく過ごせました。　　　　　　　　　　　　　　　　　　　　　　　　　　　【Mさん】

▼けんかが起きた時，両者には必ず理由があります。**「理由を代弁する」**では，学生は障碍がある子から唾を吐いた理由を聞いて，一緒に謝りに行き，その子の気持ちを代弁しました。**「つねった子の気持ち」**では，見落とされがちな乱暴した子の気持ちを受け止めることの大切さを伝えています。乱暴した子は，相手の気持ちを知るだけでなく，自分の気持ちを受け止めてもらうことで謝る気持ちが芽生えるのだと思います。乱暴された子も，自分の気持ちを受け止めてもらうだけでなく，相手の気持ちを知ることで許す気持ちになるのだと思います。

自分達で解決する　　　　　　　　　　【2年次の教育実習（幼稚園）】

　年長さんの子ども達がケンカをし始めた時のことです。年少さんや年中さんでは，ケンカをして泣く子が出ると，すぐに先生に言いに行きます。私もその子達の近くにいたので「もしかしたら言いに来るのかな？」と思っていたら，近くにいた同じクラスの子が間に入り，「どうしたの？」「何で泣いているの？」などとケンカの原因を探り始めました。泣いている子の頭を撫でたり，自分達で話し合ったりする子どもの姿に驚かされ，自分達だけで解決しようとする姿勢に感動しました。　　　【Oさん】

118　第2部　心が育つための支援

　　自分から謝る　　　　　　　　　　　　【2年次の保育実習II（保育所）】

　　ある日，子ども同士でけんかをしていました。私はそのけんかに立ち会って，2人
を和解させようとしました。しかし，A君（5歳）は一向に謝ろうとしませんでし
た。私が何を言っても認めようとしませんでした。

　　それで，私は少し放っておくことにしました。すると，少ししてから，A君は自分
から謝りに行きました。そして，その後に，私にも「ごめんなさい」と一言言いに来
てくれました。

　　子ども達にも考えはちゃんとあって，それを自分できちんと表現できて，自分の間
違いを認められることを知り，感動しました。　　　　　　　　　　　　【Sさん】

▼**「自分達で解決する」**では，年齢によってけんかの解決の仕方が違うことを報告していま
す。即ち，年少や年中では先生に助けを求めに来る子が多いのに対して，年長になると子ど
も達だけで解決しようとするようになります。けんかを積み重ねる中で，子どもなりにけん
かの仕方や解決の仕方を学んでいくのだと思います。**「自分から謝る」**では，大人が手出し
を控えたら，子どもが自分で考えて謝りました。

　上記の二つのエピソードは，子どものけんかに対して大人がすぐに介入するのではなく，
危険がなければ子どもを信じて見守ってあげることも大切だということを示しています。こ
こで保育者の姿勢として大事なことは，けんかという行為を見守るのではなく，和解に向け
て葛藤する子どもの気持ちを見守ることだと思います。

第4章　世界を広げる

　人は皆，安心・自信・信頼といった心を拠り所にして，少しずつ自分の世界を広げていきます。一方で，未知の世界を前にして，戸惑い，逡巡することもあります。ここでは，学生の実習エピソードを通して，子どもや障碍がある方が自ら世界を広げていく様子を理解するとともに，その踏み出しを支える援助のポイントを探ります。

第1節　自立を助ける

　人は皆，多くの人に支えられながら生活しています。自立とは何でも一人で出来るようになることではなく，出来る事は自分でやり，出来ない事は堂々と人に頼んで助けてもらうことだと思います。困った時にいつでも助けてくれる人がいるという安心感が，自分の世界を広げる支えになるのだと思います。

甘えが自立に繋がる　　　　　　　　　**【2年次の保育実習Ⅱ（保育所）】**

　実習の時，とてもしっかりしていて，先生のお手伝いを率先してやる子がいました。

　その子は，お母さんが迎えに来ると，べったりくっついて甘えていました。お母さんは，充分に甘えさせてあげて，子どもが話す今日の出来事を聞いて，いっぱい褒めていました。

　このことから，甘えられる人がいるということが子どもの自立を助け，また，充分に褒めてもらえることで「次もがんばろう」という気持ちになり自立に繋がるのではないかと思いました。　　　　　　　　　　　　　　　　　　　　　　【Hさん】

甘えを受け入れる　　　　　　　　　　**【1年次の保育実習Ⅰ（保育所）】**

　2歳児のMちゃんが「ブランコこげない。先生おして」と言ってきたので，一緒にブランコに向かい押してあげました。

　少ししたら，4歳児のT君が隣のブランコに座り，「先生，僕もおして！」と言いました。しかし，近くにいた先生が「T君，自分でこげるよね？」と言ったので，「T君，自分でできるの？　凄いね」と言うと，「こげない。僕出来ないもん」と言うばかりで動こうとしませんでした。他の4歳児にはこげない子が何人かいました

120 第2部 心が育つための支援

が，私は2歳児がやってもらっているのを見て，自分も甘えたいのかなと思いました。

　しばらくみんなと同じように押してあげてから，「T君，先生T君が自分でやっている姿見てみたいな！ 絶対カッコいいよ！」と言うと，満面の笑みで「先生，僕高くこぐから見ていてね！」と言い一生懸命こぎ始めました。「T君，凄いね！ カッコいいよ！」と声を掛けると満足したのか，「他の子にも教えてあげるんだ！」と言って笑っていました。

　自分でできるからと我慢させるのではなく，甘えたいという気持ちを受け入れてあげることも大切だと思いました。　　　　　　　　　　　　　　　　【Fさん】

▼「甘えが自立に繋がる」の中で，学生は，保育園でしっかりしている子がお母さんにべったり甘える姿を見て，「甘えられる人がいることが自立を助けるのではないか」と述べています。学生が言うように，家でお母さんやお父さんにいっぱい甘えられるから，保育園という外の世界で頑張れるのだと思います。家は疲れた体を休める場であるとともに，心の緊張を解きほぐす場でもあります。家で家族の愛情を受けて心身共に十分休まることが，明日の活力を生み出すのだと言えます。同じように「**甘えを受け入れる**」では，保育園でも，子どもの甘えを一旦受け止めてあげると，子どもは一人でやろうという気持ちになることを示しています。

> **ゆっくり一緒に歩く**　　　　　　【2年次の保育実習Ⅰ（障害者支援施設）】
>
> 　Mさんは下半身が不自由で，腰が曲がり，足が内股で，何かに掴まらないと歩くのが困難な方でした。
>
> 　施設の職員の方は手を貸すことなく，自分で歩く環境を作り，他の利用者さんを連れて先に部屋に行ってしまいました。Mさんは，一人置いていかれながらも一生懸命ついていこうと歩いていて，たまに転びそうになっていました。それで，私は「ゆっくりでいいですよ。一緒にお部屋に戻りましょう」と言って，Mさんの歩く速さに合わせて横に並んで歩きました。すると，Mさんはゆっくりになり，一歩一歩バランスを取りながら歩きました。部屋についた時に，「Mさん一人で頑張りましたね。すごいです」と言うと，なかなか表情を出さないMさんが，笑って「あーあー」と言っていました。その時，私は嬉しく，一緒に歩いてよかったなと思いました。【Tさん】

▼「ゆっくり一緒に歩く」では，学生は利用者の方のペースに合わせて一緒に歩きました。同行してくれる人がいることが，自立を支え，励ますのだと思います。中野尚彦氏（2014）によれば，梅津八三氏（1974）は教育に関わる者の役割を，人の生命活動を人が輔ける（たす）という意味で，輔生（ほせい）という言葉で表されました。「輔」という文字には，「そばにひたとくっつ

いて力をそえる」という意味があるのだそうです。学生が利用者の方と並んで一緒に歩いた行為も，この意味で輔生と言えるのではないかと思います。子どもや利用者の方を前から引っ張るのではなく，後ろから背中を押すのでもなく，並んで一緒に歩いて支えるのが保育者の役割だと思います。

子どもの成長 　　　　　　　　　　　　　【1年次の教育実習（幼稚園）】

　私が入った日から年少クラスではおはしをランチクロスで包む「おはしつつみ」が始まりました。初めてということもあり，初日は先生が分かり易く園児一人ひとりに包み方を指導していました。

　私もその先生の説明を聞き，同じような説明の仕方で他の園児に説明をしました。すると，園児は一生懸命私の話を聞き，真剣におはしを包もうとしてくれました。しかし，初めてなので上手く包めなかったり，違うところに通そうとしたり，上手く結べませんでした。私はその子の手を握り，「ばってんして通す」と言いながら園児と一緒に結びました。結び終わると園児は嬉しそうに笑顔で「できたっ！」と私に見せてくれました。私もとても嬉しく「すごいね！　できたね！」とその子を笑顔で褒めました。園児は嬉しそうに先生の所へ走っていき，「先生，できたよ！」と笑顔で言っていました。

　次の日，給食の時間が終わり，また「おはしつつみ」の時間になりました。昨日「先生，やって！」ときていた子も，自分で一生懸命やっていました。昨日一緒にやっていた子はどうなのだろうと見に行くと，途中まで自分で結ぶことが出来ていました。私はとても嬉しくなりました。見守っていると，「先生，やって！」と声を掛けてきました。それで，今日は声掛けだけをしました。すると，最後まで自分で結べていました。「明日には自分で結べているかな？」と明日が楽しみになりました。

　次の日，私が給食を食べていると，「先生，できたよ！」とその子が笑顔で持ってきてくれました。私は，とてもびっくりしたのと同時に自分のことのように本当に嬉しかったです。 　　　　　　　　　　　　　　　　　　　　　　　　　　　　　　　　　　【Kさん】

成長する力 　　　　　　　　　　　　　【1年次の保育実習Ⅰ（保育所）】

　S君（4歳）は，自由遊びの時間に紙に真剣な顔で何かを書いていました。私は「何を書いているの？」と聞いて，覗いてみました。すると，S君は0〜9までの数字を書いていました。S君は嬉しそうに「この次は何？」と聞いてきたので，私は「次は10（じゅう）だよ」と言いました。でも，S君は「？」という顔をしたので，私は「1（いち）と0（ぜろ）だよ」と言い直しました。すると，S君は分かった様子で，10を書きました。書き終わると，また「次は？」と聞いてきたので，

「次は，１と１，じゅういちだよ」と言うと，また分かった様子で，真剣に１１を書きました。私達はこのようなやりとりを繰り返して，Ｓ君は１９まで書けるようになりました。私は「１９まで書けたね！　すごいよＳ君」と言うと，Ｓ君はとても嬉しそうな顔で「次は？」と聞いてきました。私は，「次はね，最初の字が１から２に変わるんだよ」と言って，Ｓ君の書いた０〜１９までの数字を指差しながら数字の変化を教えました。すると，Ｓ君は「分かった！　じゃあ２と０の次は，２と１だね！」と理解しました。一つ一つ確認しながら，その日Ｓ君は３０まで書けるようになり，自由時間は終わりました。

　次の日Ｓ君は，私の顔を見るなり笑顔で走ってきて，昨日の紙を見せてくれました。すると，そこには６０まで書いてありました。私は「すごい！　６０まで書けたの？　すごい！」といっぱい喜び，Ｓ君を褒めたら，Ｓ君は私に満面の笑みを見せてくれました。

　子どもの知りたいという気持ちに大人がきちんと応えることで，子どもはどんどん成長していくことが分かりました。　　　　　　　　　　　　　　　　【Ａさん】

靴下を履く　　　　　　　　　　　　　【２年次の保育実習Ⅰ（障害者支援施設）】

　Ｓさん（５０代後半）は，いつも出身地の東京のことや家族の話を私にしてくれました。ある日，Ｓさんが「いつも妹が靴下を買ってきてくれるんだけど，ここまで（くるぶし）しかないから，僕，手が上手く使えなくて履けないんだよぉ…」と私に言いました。Ｓさんは，いつも裸足で室内履きを履いていました。私は「一緒に練習しましょう。お手伝いします！」と約束をしました。

　次の日，ホールの椅子に座っているＳさんは靴下を持っていました。私はＳさんの所へ行き，約束通り靴下を履く練習を一緒にしました。手を上手く使って，なんとか履けるポイントを一緒に見つけることができました。

　その次の日の朝，ホールの椅子に座っているＳさんの所へ行くと，足を私に見せて，「ほらね，僕自分で履けました。昨日一緒に練習したからね」と私に嬉しそうに言いました。Ｓさんは，今朝一生懸命靴下と格闘したことを話してくれました。靴下はきちんと履けてはいなかったのですが，Ｓさんの努力と向上心に感動しました。また，ちょっとした言葉掛けが利用者さんのやる気にも繋がるのだと思いました。

　　　　　　　　　　　　　　　　　　　　　　　　　　　　　　　　　【Ｋさん】

▼「**子どもの成長**」では，学生の手を借りておはしをランチクロスで包んでいた子どもが，やがて一人で包めるようになりました。「**成長する力**」では，学生に教わりながら３０まで書けるようになった子が，次の日６０まで書いてきて学生に見せました。「**靴下を履く**」で

第4章　世界を広げる　123

は，学生の手を借りて靴下を履く練習をした利用者の方が，次の日から一人で履こうとするようになりました。ヴィゴツキー（1962）が述べているように，子どもが人の助けを借りて今日出来ることは，明日は一人で出来るようになります。それは子どもに限らず大人にも共通して言えることだと思います。

　伸びる力はその子その人の中にあり，それを引き出すのが保育者の役割だと思います。保育者が子どもや障碍がある方の成長を支えるためには，梅津八三氏（1974）の言葉を借りるならば，「もっとも適切な時期に，もっとも適切で，しかも決して程度を越すことのない手助け」が求められます。上記の三つのエピソードでは，学生達は，子どもや利用者の方が関心を持った時に，その子その人が分かり易い教え方を模索し，その子その人が自分でやる気になるように援助しました。正に適時・適切・適度な援助だったと思います。

自信に繋げる　　　　　　　　　　　　　　　【2年次の保育実習Ⅱ（保育所）】

　実習で2歳クラスに入らせて頂きました。その日は，園庭でビニールプールの中でお水遊びをしました。お水遊びを終えたK君は，先生に体をシャワーで流してもらい，保育室に入り着替えを始めました。K君は自ら着替えを行おうとしていたので，手助けをせずに見守ることにしました。

　K君はなんとか着替えることができ，満足そうな顔で私の方を見ました。私も笑顔で返したのですが，K君が半袖シャツを後ろ前に着ていることに気付きました。私は「上手に着られたね。でも後ろと前が反対だよ」と教え，直すのを手伝おうとしました。すると，それを見ていた先生に，「本人は一生懸命着ることができたのだから，そのままでいいのよ」とご指導を頂きました。

　私は正しく着ることを優先してしまいました。K君が一人で着ることができたのだから，たくさん褒めてあげるべきだったと反省しました。たくさん褒めることは子どもの自信に繋がるので，そのことを踏まえて声掛けや対応するのも保育者の仕事なのだと感じました。
　　　　　　　　　　　　　　　　　　　　　　　　　　　　　　　　　　　【Ｉさん】

間違いを指摘しない　　　　　　　　　　　　【1年次の保育実習Ⅰ（保育所）】

　5歳児クラスでは就学に向けてひらがなの練習をしていました。

　先生が黒板にひらがなを一文字書き，ポイントや難点などを説明し，子ども達は自分のワークに取り組むという活動でした。楽しそうに練習し，書き終えると自信満々に先生のもとに行きスタンプをもらっていました。

　その中，Hちゃんは鉛筆を握り，周りを見て不安そうな表情をしていました。担任の先生に「Hちゃんは，ひらがなに自信がなくて課題に取り組めない時があるのよ。だから先にマスに薄く文字を書いて，なぞれるようにしてあげて。そして，できたら

124　第2部　心が育つための支援

思いっきり褒めて，自信をつけてあげて！」と教えてもらいました。

　私なりに，精一杯の明るい声で応援し，教えてもらった通りに援助をしました。書き順はバラバラで字も崩れていましたが，先に「すごい！　上手に書けているね！　じゃあ，先生がもっと上手にかける方法教えてあげるね！」と言いました。私は，"楽しい！　私にもできる！"という気持ちを持って欲しかったので，すぐに間違いを指摘するのではなく，後から正しい書き方を伝えました。Hちゃんは真剣に私の話を聞き，正しくひらがなを書いて先生に提出しにいきました。

　次の練習の日，「M先生！　練習しよう！」と私を呼びました。私は，前の日よりも援助を少なくしました。首を傾げながら取り組んでいたHちゃんは，次第に笑顔で黙々と取り組むようになりました。合格のスタンプを私に見せ「M先生もういいよ！私もう自分でできるから，他の出来ない子に教えてあげて！」と伝えてきました。 せんせえありがとお というお手紙も受け取りました。Hちゃんの自信に溢れた目と笑顔が忘れられません。

　子どものやる気や自信を育てる援助や声掛けの大切さを実感しました。【Mさん】

▼「自信に繋げる」と「間違いを指摘しない」は，正しいやり方を教えることをよりも，たとえ不完全であっても自分でやった頑張りを認めて，自信に繋げてあげることが大事だということを伝えています。子どもにしてみれば，折角頑張った事が認めてもらえないと，自信を無くしたり，やる気を失ったりします。これらのエピソードが示しているように，最初から正しく出来ることを子どもに要求するのではなく，子どもが自分でやろうとする気持ちを受け止めて，自信や意欲を育てることが大事だと思います。自信や意欲が育てば，子どもは失敗を恐れず何度も挑戦しながら次第に上手に出来るようになっていきます。

得意なところを伸ばす　　　　　　　　　【1年次の保育実習Ⅰ（保育所）】

　私が3歳児のクラスに入った時に，Aちゃんという女の子がいました。Aちゃんは先生のお話によると，軽い障碍があり，周りの子と同じような生活はできるのですが，お友達との係わりが難しいとお聞きしました。1日，Aちゃんを観察していると，確かに些細なことですぐに大声で自分の思いをぶつけて，泣いてしまうことが沢山ありました。自己主張をする子がとても多いクラスなので，他の子も対抗してすぐにケンカになってしまっていました。その度に先生はAちゃんに優しい声で話し掛けていました。私も先生の姿を見て学ばせて頂きました。

　コーナー遊びの時，Aちゃんは1人だけお絵描きをしていました。話し掛けてみても反応がなかったのでずっと見ていると，とても上手な絵を描いていました。別の日も，粘土遊びで3歳児とは思えない作品を作り上げていました。先生は，Aちゃんは芸術的な才能があると仰っていました。

第4章　世界を広げる　125

　人は誰でも得手不得手があります。Aちゃんも同じで，それを障碍と捉えるのでは
なく，苦手なところは保育者や大人が援助してあげ，得意なところは存分にAちゃん
のやりたいようにして伸ばしてあげることがAちゃんのための保育だと思いました。

【Fさん】

▼ **「得意なところを伸ばす」**は，子どもの苦手なところは援助して，得意なところを伸ばし
てあげることの大切さを語っています。子どもに障碍があると，大人はその障碍を軽減する
ことに心を奪われ，子どもの気持ちを見失うことがあります。そのような対応は，大人に対
する不信を招き，自分に対する自信を失わせ，不安を引き起こす恐れがあります。一方，大
人が子どもの得意なところを認めて，伸ばしてあげることで，子どもは大人を信頼して，自
信を持って自分を表現し，気持ちが安定すると思います。そのような心の成長が，他の子の
思いを気遣ったり，苦手な事にも挑戦したりする気持ちに繋がるのだと思います。

教える工夫　　　　　　　　　　　　　　【2年次の教育実習（幼稚園）】

　カードに自分の名前を書く活動がありました。年中のH君は，「自分の名前が書け
ない」と涙目になりながら私に言ってきました。私は「紙にH君の名前を書いてあげ
るから，マネをして書いてみよう」と声を掛けましたが，首を横に振って書こうとし
ませんでした。

　私が「一緒に名前を書いてみよう」と言っても，「できない」と言うので，どうす
ればいいのか困ってしまいました。私は考えて，H君の名前をカードに点線で書いて
あげました。すると，最初は「できない」と言っていたのですが，私がH君の手を持
って一緒に書くとどんどん自分から書いていきました。私が「H君，できるじゃな
い！」と頭をなでると，ニコッと笑い，その顔が頭から離れません。

　教える側は，たくさんの工夫をして子どもに教えなければいけないことを学びまし
た。　　　　　　　　　　　　　　　　　　　　　　　　　　　　　　【Sさん】

少しの工夫　　　　　　　　　　　　　　【2年次の教育実習（幼稚園）】

　年少児のMちゃんは，英語教室や集会の時など，ずっと座っていることができませ
んでした。先生に何か言われると，「う〜るさい」や「先生き〜らい」と軽い口調で
口癖のように言っていました。

　年少児のクラスに入って1日目は製作活動をしました。Mちゃんは，活動中座って
いることができず，「Mちゃん作ろうよ」と言っても，「う〜るさい」と言われてし
まいました。2日目は折り紙製作をしました。今日こそはと思い，Mちゃんから離れ
ず，折り方を教えました。しかし，気が付くと，いなくなっていました。私は，Mち

ゃんがいないうちに折り目をつけて置きました。戻ってきたMちゃんは，折り紙を折り始めました。すると，折り紙を最後まで折り，その後の画用紙に貼る活動もできました。

担任の先生は，「折り目をつけたことで，Mちゃんに分かり易くなり，それで最後まで出来たのかもね」と言って下さいました。保育をする中で，少し工夫をすることの大切さを学びました。Mちゃんが最後まで製作してくれて，とても嬉しかったです。　　　　　　　　　　　　　　　　　　　　　　　　　　　　　　　　【Sさん】

▼ 「**教える工夫**」と「**少しの工夫**」では，一人ひとりに合わせて工夫することの大切さを報告しています。本来，子ども達は皆，好奇心や探求心が旺盛で，学ぶ事を欲しています。しかし，課題が難しかったり，意味が理解出来なかったりすると，本来楽しいはずの学習活動が苦痛になり，拒否することがあります。そのような時，課題を強制するのではなく，学生達がした様に，折り目をつけたり，点線を書いたり，課題を分かり易く整理してあげることが求められます。子どもが課題に躓いた時，何故躓いたのか，どうすればその躓きを乗り越えられるのか，これらを問い続ける中から様々な教材や工夫が生まれるのだと思います。

第2節　見　守　る

成長する力はその子その人の中にあります。周囲が急かしたり無理強いしたりするのではなく，本人が関心や意欲を持つまで待つことが大切だと思います。また，その子その人が自分で考え，解決しようとしている時は，たとえ時間が掛かっても，気持ちを尊重して見守ることも大切だと思います。

梅津八三氏（1977）は，教育的係わりの基本的な姿勢として，「万物の自然を輔けて，敢えて為さず」という老子の言葉を引用して説明しています。その意味を私なりに解釈しますと，援助する側は，子どもや障碍がある方が始めた活動が滞っている時は輔けることが大事であるが，その活動が円滑に展開していれば余計な手出しを控えて見守ることもまた大事だということになります。

手を貸さない援助　　　　　　　　　　　　　【1年次の保育実習Ⅰ（保育所）】

Aちゃん（2歳）は，外で遊ぶのが大好きな活発な女の子でした。ある日，外で追いかけっこをしていたら，急に立ち止まって何かをし始めました。近寄って見ると，上着のファスナーを一生懸命外そうとしていました。小さな手で力いっぱい引っ張っていましたが，なかなか外れません。私は見ていられずに手を出そうとしましたが，何日か前に「Aちゃん自分でできるんだよー！」と嬉しそうにファスナーを見せていたAちゃんを思い出しました。それで，「私がやったらだめだ！」と思い，「こっち

を押さえておくと外れるよ」とアドバイスしてみました。Aちゃんは見事にファスナーを外すことができ，二人で拍手をして喜び合いました。

　子ども達の"やろうとする力"にはとても驚かされます。子どもだから，小さいからと言って，すぐに手を貸すのは簡単なことですが，手を貸すだけが援助ではないなと実習で実感しました。　　　　　　　　　　　　　　　　　　　　　　　　　【Mさん】

▼「手を貸さない援助」では，子どもはファスナーを外せず難渋していましたが，学生はその子の"自分でやりたい"という気持ちを受け止め，手出しを控えて見守ることにしました。すると，その子は見事自分でやり遂げました。このエピソードが示唆しているように，見守るという行為は，相手の行動を見守るのではなく，相手の気持ちを見守ることだと言えます。

子どもから伝えるコトバ　　　　　　　【2年次の保育実習Ⅲ（児童デイサービス）】
　Sちゃん（5歳）には自閉症の障碍があり，意味のある発語は全くありませんでした。私は何とかSちゃんとコミュニケーションを取ろうと思い，Sちゃんが好きなジムボールを使いました。初めのうちは，私からSちゃんに近付いてジムボールを見せ，Sちゃんがそれに乗ってきたら弾ませて遊ぶという繰り返しでした。しかし，職員の方から「子どもの方から私達に要求してくることが起きるような係わり方も必要だ」ということを教えて頂いてからは，接し方を変えてみました。
　まずは，ジムボールをSちゃんに見せていつも通り遊びました。私の中で弾ませる回数や時間を決めておき，決めた分遊び終わると手を止め，ジムボールの近くに座ってSちゃんを待ってみることにしました。すると，Sちゃん自身の方から私に近付き，私の手を取ってジムボールの方に引き寄せ，身振りで"ヤッテ"という要求を示してくれるようになりました。
　私達の係わり方によって，子ども自身の力を引き出せることを実感しました。
　　　　　　　　　　　　　　　　　　　　　　　　　　　　　　　　　　　【Fさん】

▼「子どもから伝えるコトバ」では，子どもが好きな事をやってあげた後で少し待ってみたら，子どもから要求を伝えるコトバが見られるようになりました。ただし，このようにしてコトバが発現する前提には，それまでの子どもの要求に大人が十分応える中で築いた信頼関係があることを忘れてはならないと思います。気持ちを受け止めてもらった経験が，気持ちを伝える意欲を育てるのだと思います。

見守る保育　　　　　　　　　　　　　　　　【2年次の保育実習Ⅱ（保育所）】
　実習した園の年少クラスに，ひざから下の両足がない男の子（3歳）がいました。

とても明るく，いつも私に自分のお話をしてくれました。外遊びの時も，ひざをついて一生懸命お友達と一緒に遊び，自分のことはほぼ自分で行っていました。

　私は最初この男の子を見た時，いろいろと援助が必要なのかと勝手に判断し，援助しようとしました。すると，その子は「先生，自分でできるから大丈夫だよ」と言いました。私が見守ると，その子は笑顔で「ほら，できたよ」と言ってくれました。

　何でも援助してしまうのではなく，見守る保育も必要だなと感じました。【Ｏさん】

▼「見守る保育」は，障碍があってたとえ時間が掛かっても，子どもが自分でやろうとしている時は温かい目で見守ってあげることが，子どもの自信や意欲に繋がるということを示唆しています。見守るには，私達大人の側に忍耐と子どもの伸びる力を信じる気持ちが求められます。

ゆっくり係わる　　　　　　　【２年次の保育実習Ⅰ（知的障害者更生施設）】

　私は施設の実習で，利用者の方に合ったペースで支援していく大切さを学びました。

　利用者の方によってできる事，できない事が一人ひとり様々です。集団生活の中ではその事が支援していく上で問題になり，どう声掛けをするかで悩みました。すると支援員の方から「ゆっくりね，ゆっくりでいいの」と声を掛けて頂きました。私は今まで，「ゆっくりでいいのかな」思っていたのですが，「ゆっくりでいいんだ」と思えるようになりました。それからは，余裕を持って利用者の方と接することができ，また「見守る」ということもできるようになりました。　　　　　　【Ｉさん】

気持ちが向くまで待つ　　　　【２年次の保育実習Ⅰ（知的障害者更生施設）】

　Ａさんは歩くのが嫌になると，外でも屋内でも，所構わず寝転がることがありましたが，無理やり起こしたり，手を引っ張ったりするのは良くないと思いました。ですから，「Ａさん，○○○行きませんか？」と声を掛けて，Ａさんの前に手を差し出して待つようにしました。私が手を引っ張るのではなく，Ａさんから手を乗せてくれるまで待っていると，私の手を支えにしながら起き上ることがありました。

　やはり，その人のペースを大事にすることは大切だと思いました。また，無理やり何かをさせるのではなく，相手の気持ちがこっちに向くまで声を掛けながら待つことも大切だと思いました。　　　　　　　　　　　　　　　　　　　　　【Ｏさん】

▼「ゆっくり係わる」と「気持ちが向くまで待つ」では，こちらのペースに合わせることを障碍がある方に強いるのではなく，障碍がある方のペースや気持ちを尊重して，気持ちが向

くまで待ってあげる支援の大切さを報告しています。施設では障碍がある方達が集団で生活していますが，個人が集団に埋没することなく，一人ひとりの気持ちが大事にされる集団であって欲しいと思います。

見守ることの大切さ　　　　　　　　　　　【2年次の教育実習（幼稚園）】

　私が年少児クラスで実習させて頂いた時のエピソードです。3歳児クラスということで，援助することも多く，私は子どもに頼まれたらすぐに手助けをしていました。ある日，クラス担任の先生と子どもの係わりを見ていると，先生はすぐに援助するのではなく，見守った後，どうしても出来ないところだけ援助していることに気が付きました。それからは，私も少し見守ってから援助するように気を付けました。

　そのクラスのB君は，お昼の時必ず私のところにお箸セットを持ってきて，しまってと頼む子でした。私はいつものようにすぐにやってあげるのではなく，「先生が見ててあげるから，自分でやってみて」と声を掛けました。すると，B君は自分でお箸セットをしまい，満足げにそれを私に見せてくれました。私はB君を褒め，笑顔を向けると，B君は私がしまってあげた時よりも，嬉しそうに笑ってくれました。その時の流れを見ていた担任の先生に，「私が言わなくても，自分から気付けたね。見守ることが成長に繋がることもあるから，しっかりと見ててあげてほしい。いい先生になれると思う」と褒めて頂きました。嬉しい気持ちと同時に，私も，子ども達と同様に先生に見守って頂いていたということにも気付かされました。

　今回自分自身が体験したように，人から言われて気付くのではなく，自分から気付き行動した時に人は成長できるのだと思います。また，その時の達成感や充実感は，自分で出来たからこそ味わうことの出来る気持ちで，その気持ちこそが成長するために大切な気持ちであると思います。その気持ちを，子どもたちに感じてもらうためにも，すぐに手助けをするのではなく，見守り，きっかけを与えられるような保育者になりたいと思いました。
　　　　　　　　　　　　　　　　　　　　　　　　　　　　　　　　【Yさん】

▼「見守ることの大切さ」では，学生は子どもの成長を見守ることの大切さに気付くと同時に，学生自身もまた保育者に見守られていたことに気付きました。子どもも学生も，自ら考え行動を起こして，何かをやり遂げたり，何かに気付いたりすることで，主体的に生きる力を増進させることが出来ると思います。そのためには，子どもや学生を温かく見守り，認める周囲の支えもまた大事だと言えます。

130　第2部　心が育つための支援

第5章　食　べ　る

　人は食べることを通して，空腹を満たすだけでなく心も満たします。食べる量や質を心配するあまり，心の栄養を疎かにしてはいけないと思います。おいしい食事を楽しく食べて，心を元気にする工夫を心掛けるのが保育者の役割だと思います。ここでは，学生のエピソードを通して，食べることの意味や食事の援助の仕方等を考えていきます。

楽しく食べる工夫　　　　　　　　　　　　【2年次の保育実習Ⅱ（保育所）】

　2歳児の担当の先生が，給食の時カレーをよそっていました。その様子を見ていたら，カレーを野菜や肉，ルーをバランス良くよそっているのかと思ったら，先生はその子に合わせてルーを多めにしたり，肉を少なくしたりしていました。

　先生は普段から子ども一人ひとりの食の様子をちゃんと見ていて，子ども達が食事を楽しくできるように配慮していて，すごいなと感心しました。　　　　　【Sさん】

目で見て食べる　　　　　　　　　　　　　【2年次の教育実習（幼稚園）】

　食べ物は味だけでなく，「目で見て食べる」という事を聞いたことがあります。

　年少さんのクラスに入った時，週1回のお弁当を子ども達は楽しみにしていました。中身はキャラ弁などで，みんな色とりどりでした。まず見た目を喜んでいて，みんな一斉に私の所へきて，「○○のキャラ弁なんだよ！」「先生見て！」と嬉しそうでした。

　子どもが喜んで食べる物を知っている保護者の方はすごいなと思いました。

　　　　　　　　　　　　　　　　　　　　　　　　　　　　　　　　　【Hさん】

細かくする　　　　　　　　　　　　　　　【2年次の保育実習Ⅱ（保育所）】

　Aちゃんは，お昼の時間に泣き出しました。私は遠くの席で食べていたので，なぜ泣いたのかよく分かりませんでした。食器を片付ける際，私はAちゃんに近付き，声を掛けました。どうやらAちゃんはおかずのサラダのカリフラワーが嫌で泣いているようでした。

　私はAちゃんのカリフラワーをとっても細かくして，「これだけ食べてみよう」と言いました。すると，「食べられた」とAちゃんが笑ってくれました。それから段々

第5章 食 べ る　*131*

と大きくしていくと，最後には自分から進んで食べてくれました。その後先生に「お兄さんが食べさせてくれたの」と話をしていて，とても嬉しいのと同時に工夫は大事だなと思いました。　　　　　　　　　　　　　　　　　　　　　　　　　　　　　【Tさん】

食事の工夫　　　　　　　　　　　　　　　　　　　【2年次の保育実習Ⅱ（保育所）】

　3歳児クラスでは，給食の時間に，おかずは進むのですが，ご飯が進まない子が多数いました。声掛けで促し，出来るだけ自分で食べてもらえるようにしていましたが，それでも進まない子がいました。

　先生は，お弁当用のハートや星の型を持ってきて，進んでいない子のご飯をハートや星にしました。すると，ハートや星型になったご飯を見つめ，嬉しそうに食べていました。少し工夫することで子ども達の食を引き出すことができるのだと感心しました。　　　　　　　　　　　　　　　　　　　　　　　　　　　　　　　　　　　　　【Gさん】

給食が大好きなクラス　　　　　　　　　　　　　　　【2年次の教育実習（幼稚園）】

　実習を行った3歳児クラスは，3歳児クラスの中でも食べる量が多く，しかも速いことで有名なクラスでした。最初はその子に合わせた量で配膳するのですが，「いただきます」をして30分もするとクラスの半数の子はおかわりをしています。おかわりは先生が1回に1品よそるのですが，3回，4回とおかわりする子が何人もいて，いつも何も残っていない食器を給食室に返しに行っていました。

　給食が大好きなクラスになった理由を担任の先生に聞くと，「最初の頃（4月頃），おかわりをしやすいように給食を少なめに配膳したら，おかわりする楽しさを知ったようです」と教えて下さいました。

　給食の好き嫌いも保育者のちょっとした工夫次第ということを学びました。　　　　　　　　　　　　　　　　　　　　　　　　　　　　　　　　　　　　　【Mさん】

▼「楽しく食べる工夫」では，先生は，子ども達が食事を楽しく食べられるように，一人ひとりの盛り付けを変えました。これは，普段から子ども達の食の様子をきちんと把握しているからこそ出来ることであり，子どもの気持ちを尊重した優しい配慮だと思います。**「目で見て食べる」・「細かくする」・「食事の工夫」・「給食が大好きなクラス」**でも，子ども達の食が進むように，楽しく，おいしく食べる様々な工夫が語られています。食べる量やペースや好み等は，一人ひとり違います。皆と同じ物を同じ量だけ同じペースで食べることを要求されると，食べることが苦痛になる子が必ず出てきます。食べることが好きになるように，一人ひとりの食の様子を理解して，楽しく，おいしく食べるための配慮が必要だと思い

ます。

信頼があって食が進む　　　　　　【2年次の保育実習Ⅰ（知的障害者更生施設）】

　私が食事介助をさせて頂いたHさんは，食べたいという気持ちはあるものの，途中で集中が途切れて，食べなくなってしまうことがありました。違う方を見たりすると，食事に意識を戻させることが難しく，時間も掛かってしまいました。

　Hさんのことを担当することが続いたある日，いつものようにスプーンにおかずを乗せると，自分から進んで食べてくれました。また，すくうことがうまくできない時，私の方を見つめたり，手を触ってきたりもしました。私は「次は何が食べたいですか？」と声を掛けたり，手を触ってHさんの気持ちに応えたりするようにしました。

　Hさんが食事に集中できなかったのは，初めて会う私に介助され，Hさんも不安だったのだと思います。不安が集中力をなくしていたのだと思うと，申し訳ない気持ちになりました。信頼関係があるからこそ，落ち着いて食事も取れるのだと思いました。
　　　　　　　　　　　　　　　　　　　　　　　　　　　　　　　　　　　【Gさん】

安心して食事をする　　　　　　　　　　　　　　【1年次の保育実習Ⅰ（保育所）】

　0・1歳児のクラスに配属になった時の話です。Tちゃんの食事の援助をさせて頂いたのですが，その子はまだ離乳食でした。私は初めての経験で不安でした。

　ご飯をつぶしながら，のどに詰まらないように少しずつスプーンに乗せて口へと運ぶようにしました。しかし，Tちゃんはすぐに口を開かなくなってしまいました。お腹がいっぱいなのかなと思っていると，先生が「いつもは全部食べるんだけど……」と言いました。

　私は先生の食事の援助を改めてきちんと見ることにしました。先生方は皆さん笑顔で「おいしいね」などと声掛けをたくさんしていました。それに対して私は，緊張のためか顔も声もこわばっていました。

それではいけないと思い，次の日からＴちゃんの食事の援助の際は，笑顔でなるべくリラックスして，たくさん声掛けをしながら接しました。すると，Ｔちゃんはおわんのご飯を全部食べてくれました。「ごちそうさま」をする時に，Ｔちゃんの空っぽのおわんを見て，私はとても嬉しくなりました。　　　　　　　　　　　　　【Ｏさん】

▼　「信頼があって食が進む」と「安心して食事をする」は，食べないのにも理由があることを示唆しています。二つのエピソードでは，子どもや利用者の方との信頼関係が深まるにつれて，食事の援助が円滑に進むようになりました。このことから，食事を共にする人との信頼関係が食欲を規定する重要な条件の１つであることが分かります。

　席を立つ訳　　　　　　　　　　　【２年次の保育実習Ⅰ（障害者支援施設）】
　　Ｏさん（４０代）は自分で食べることが出来ますが，勢いよく食べてのどに詰まらせてしまうので，Ｏさんの前に容器とスプーンを置き，その容器の中に一口ずつ職員がご飯やおかずを入れて介助していました。私も５回程介助をやらせて頂いたのですが，３回目までは食事の途中で席を立ち，部屋に戻ってしまいました。そして，また食堂に戻ってきて，途中から食べていました。
　　私はどうして席を立ってしまうのか，席を立つ前に私はＯさんの容器の中に何を置いていたのかを考えたところ，同じ物を二回連続で容器の中に入れると味に飽きてしまうのか席を立ってしまうのだと気が付きました。４回目の介助では，同じ物をあげないように心掛けたところ，一度も席を立たずに完食してもらうことができました。
　　障碍がある方も私達と同じように食べ物や食べ方の好みがあって，その表し方が少し違うだけなのだなと思いました。行動から気持ちを理解することの難しさを改めて実感しました。　　　　　　　　　　　　　　　　　　　　　　　　【Ｋさん】

▼　「席を立つ訳」のＯさんが食事中席を立つのには理由がありました。学生は，毎回違う物を食べたいというＯさんの気持ちに気付きました。障碍があろうがなかろうが，人は誰でも好きな食べ物や食べ方の流儀があります。介助する側は，そのことに配慮しながら介助することが大切だと思います。
　食べるという行為は，単に生理的な欲求のみに基づくものではなく，食物の味や食感はもちろん，食事場面の雰囲気やその時の気分など広範な条件に規定されています。例えば，悲しい出来事に遭遇して食欲を無くすこともあれば，苛立つ気持ちを解消するために沢山食べることもあります。中野尚彦氏（2009）は，「人は胃袋で食べるのではなく，心で食べる」と述べています。保育者は，子どもや障碍がある方の気持ちに寄り添った介助が求められます。

「給食が嫌」　　　　　　　　　　　【2年次の教育実習（幼稚園）】

　Aちゃんは，体調を崩していて，2日程ほとんど残してしまっていました。先生はいつもどおり「もう少し食べてね」と言っていました。Aちゃんは食べるのが嫌で仕方なかったのか，「トイレに行きたいです」と言って2回も行っていました。その後も，頑張って食べようと箸を持っていましたが，泣きながら「もう食べられません」と言っていました。しかし，先生は「食べない子は，先生は知りません！」と言って突き放しました。

　次の日，Aちゃんは幼稚園に来ませんでした。連絡ノートには，「『給食が嫌』と言っていました」と書かれていました。私はとても悲しくなりました。保育者は，嫌いな事を援助していくことも大切ですが，その子の気持ちを理解することの方が大切なのではないかと改めて思いました。　　　　　　　　　　　　　　【Oさん】

頑張らなくていい　　　　　　　　　【2年次の教育実習（幼稚園）】

　私の配属されたクラスでは，半数くらいの子が給食・お弁当を残していました。私が責任実習の時，「残さず食べる」ことを目標にし，実習をしました。一人ひとりに「残さないで，がんばって食べようね」と声掛けをしていました。

　Sちゃん（年長）は普段嫌いな物は食べず，ゆっくりと食べる子でした。しかし，その時は何でも食べて，楽しそうに食べていました。お昼が終わる直前でした。Sちゃんは吐いてしまい，私は戸惑ってしまいました。その時は担任の先生が対応してくれました。私はSちゃんに何があったのか心配でした。

　後から聞いた話ですが，Sちゃんは私が「頑張れ」と言っていたから嫌いな物を食べ，気持ち悪くても頑張って食べていたそうです。「頑張れ」の一言がプレッシャーを与えてしまったので，気を付けないといけないなと思いました。　　　　【Kさん】

嫌いなイチゴを隠す　　　　　　　【1年次の保育実習Ⅰ（保育所）】

　4・5歳クラスで実習をしていた時，給食の時間にA君の大嫌いなイチゴが出ました。配膳された時から，A君はとても嫌そうな顔をしていました。でも，残すと先生に怒られると分かっているので，A君はしばらくお皿の上のイチゴを見つめていました。

　すると，A君は，先生が見ていない隙にお箸をわざとテーブルの下に落としました。そして，お弁当箱の中にイチゴを入れ，蓋も持ってテーブルの下にもぐり，お箸を拾うとともにお弁当箱の蓋を閉め，何事もなかったかのようにお片付けを始めました。

先生は気が付かなかったので，A君はイチゴをお弁当箱の中に隠して持ち帰りました。

　そんな，A君の行動を見て，私も小学生の時に同じような経験をしたことを思い出しました。牛乳が大嫌いで，よく飲めずにいました。でも，牛乳を残すと先生に怒られる…，でも飲むこともできなかったので，よく先生の目を盗んではトイレに流しにいきました。だから，私は，A君の気持ちをすごく理解することができました。それで，その場は見て見ぬふりをしました。

　確かに，栄養のバランスなど考えると，嫌いな物でも頑張って食べるということは大切なことですが，そのことで給食の時間が苦痛になってしまったり，保育園に行きたくない原因になってしまったりすることもあるので，あまり強制しないほうが良いのではないかと思いました。　　　　　　　　　　　　　　　　　　　　【Aさん】

心の栄養　　　　　　　　　　　　　　　　　【2年次の教育実習（幼稚園）】

　子どもの頃，私は好き嫌いが多く，食べるのも遅かったために，みんなの片付けが終わっても食べさせられたりしました。私は居残りして無理矢理食べさせられるのは苦痛でしょうがなく，残した物をどこに隠そうかな，どこに捨てようかな，などとよく考えていました。また，牛乳を飲みきれずに水道に流したり，残ったおかずをティッシュに包んでゴミ箱に捨てたりもしました。

　実習の時，トマトが嫌いな子がいました。私が「トマト食べないの？」と聞くと，「いらない。食べない」と言われました。担任としては全部食べてほしいのだと思いますが，私はトマトのせいで給食を嫌いになってほしくなかったので，無理に食べさせようとはせず，「一つだけ食べてみよう」「一緒に食べてみよう」などと声掛けをしました。すると，一つだけ頑張って食べてくれたので，「食べられたね。すごいね！」と褒めると，ニコッと笑いました。「頑張ったから，今日はもうお片付けしよう」と伝え，一緒に片付けをし，お外で遊びました。

　給食というのは楽しみの一つだと思うので，苦痛になってしまうのはとても悲しいことです。子どものためを思うのなら，栄養のバランスを考えて全部食べてもらうことも大切ですが，苦痛になってしまうのはバランス良く食べられないことよりいけないことだと思います。ですから，心の栄養を大切にし，強制にせず，自分のペースで

楽しく食べられるように見守ることが大切だと思います。　　　　　　　【Tさん】

▼「給食が嫌」のエピソードは，保育者が子どもに嫌いな食べ物を無理強いすると，子どもは食事が嫌いになるだけでなく，その場所に通うことさえ苦痛になることを示しています。**「頑張らなくていい」**は，頑張って食べさせることの弊害が語られています。**「嫌いなイチゴを隠す」**と**「心の栄養」**では，嫌いな食べ物と格闘する子どもの姿が報告されています。学生達も，子ども時代に食べることに苦労した経験がありました。だからこそ，いずれのエピソードも，栄養のバランスを考えるだけでなく，心の栄養を考慮することの必要性を強調しています。

食事場面は，大切なコミュニケーション場面であると共に，心を元気にする場面でもあります。おいしい食事を，親しい仲間と楽しく食べて，心を満腹にして欲しいと思います。

給 食
保育所での保育実習Ⅱ

食事の介助
児童発達支援センターでの保育実習Ⅰ

第6章　共に生きる

人は皆，いろんな人と繋がって支え合って生きています。ここでは，学生達が書いたエピソードを通して，子どもや障碍がある方が誰とどのように繋がって暮らしているのかを知り，保育者としてその暮らしをどのように応援出来るのかを探ります。

第1節　親子の絆

子どもの時はもちろん，大人になってからも，親はかけがえのない存在です。それは，虐待を受けた子ども達も同じです。私達は親代わりにはなれても，親にはなれないのだと思います。

親が一番　　　　　　　　　　　　【2年次の保育実習Ⅰ（児童養護施設）】

　実習中の土曜日に小学校の運動会がありました。運動会の2，3日前の夕食の時間，Jちゃんは親に運動会に来てもらいたくて，担当の先生に「Jの家に電話して，運動会に来られるか聞いて！」とずっと言っていました。残念ながら，「運動会へは来られない」と電話で返答があり，Jちゃんに伝えられました。

　私は，「虐待した親なのに，恨む気持ちはないのかな？」とJちゃんの気持ちが分かりませんでした。しかし，施設の職員がどんなに欲求を満たしてあげても，尽くしてあげても，やっぱり親が一番と後から職員の方から聞きました。

　どんな環境で育っても，みんな親に対する気持ちは同じなのだと思いました。

　　　　　　　　　　　　　　　　　　　　　　　　　　　　　　　　　【Tさん】

▼「親が一番」のJちゃんは，かつて自分を虐待した親が運動会に来ることを望みましたが，その望みは叶いませんでした。児童養護施設には，親から虐待を受けた子ども達が多く入所しています。虐待を受けても子ども達は親が大好きで，学生は子どもにとって親はかけがえのない存在だということを思い知らされます。

段ボール箱いっぱいの問題集　　　　　【2年次の保育実習Ⅰ（児童養護施設）】

　私が実習した施設では，週に3回勉強会があり，職員の方達が子ども達に勉強を教えていました。その中でR君（12歳）だけは，いつも嫌がって勉強をやりませんでした。理由を聞いてみると「分からないから，やりたくない」と言いました。私が

138　第2部　心が育つための支援

「僕が教えるから，少しだけやろう」と言うと，しぶしぶ席に着いて勉強を始めました。

　勉強をしているR君は，嫌がっていた姿が嘘のように，集中してどんどん問題を解いていました。勉強会が終わると，R君は自分の部屋に私を連れて行き，大きなダンボール箱を出しました。中には今まで解いた問題集がたくさんあり，今日使った問題集をその箱の中に大切にしまいました。私が「なんでこんなに集めているの？」と聞くと，R君は「お母さんは俺がバカだから叩いたりしたんだ。このダンボールを見せて，頭が良くなったことをお母さんに教えるんだ。だから，俺頑張れる」と答えました。

　私は小学6年生のR君がこのような事を普通に言うことにショックを感じ，同時にお母さんを決して悪く言わずに自分を責めていたことに驚きました。私が「今度会った時は，お母さんはきっと叩いたりしないで，R君の頭を優しく撫でてくれるよ」と言うと，R君は「だよね」と明るく笑顔で私に答えました。　　　　　　　　【Kさん】

▼「段ボール箱いっぱいの問題集」では，親に叩かれた経験があるR君は，親を責めずに自分を責め，親に認めてもらいたくて勉強を頑張りました。学生は，そんなR君の気持ちを受け止め，応援しました。児童養護施設の子ども達の中には，自分に問題があったから虐待を受けたと思い込み，自分に自信が持てない子が少なくありません。R君もその1人で，かつて自分に暴力を振るった親に認めてもらおうと健気に頑張る姿に胸を打たれます。保育者は，親を思う子どもの心が折れないように支え続けることも大事ですが，「あなたは悪くない」ということを伝え，自分を大切に思える気持ちを回復させる支援もまた必要なのだと思います。

親子旅行　　　　　　　　　　　【2年次の保育実習Ⅰ（障害者支援施設）】

　普段，利用者の皆さんは施設で暮らしているため，なかなか家族に会うことができません。実習中に親子旅行があり，利用者さん達は皆，兄弟や親と一緒に出かけることをとても楽しみにしていました。施設内の行事は限られているため，何週間も前から話題が出ていました。

　Tさん（女性）も親子旅行を楽しみにしていた1人です。保護者の方は来られませんでしたが，旅行をとても楽しんでいる様子でした。しかし，旅行から帰ってきて，私がお風呂に入るために支援室に向かっていると，就寝時間を過ぎていて真っ暗の中，Tさんが部屋から出て泣いていました。「どうしたんですか？」と聞いてみると，「お父さんが来なかったんだよ。寂しいんだよ。泣いちゃうよ」と言っていました。その時は，支援員の方の声掛けで部屋に戻りましたが，Tさんのお父さんは足が悪く旅行に来られなかったそうです。

その姿を見て，利用者さんは行事も楽しみだけれども，やっぱり家族のことを一番に思っているのだなと感じました。　　　　　　　　　　　　　　　【Ｓさん】

お母さんの思い出話　　　　　　　　【２年次の保育実習Ⅰ（知的障害者更生施設）】
　施設実習で出会ったＡさんは，亡くなったお母さんの話を毎日してきました。「昨日，お母さんと喧嘩したんですよ」とか，「この服，お母さんに買ってもらったんですよ」などと。初め，私は，Ａさんのお母さんは生きているものだと思っていましたが，後から話を聞くと，Ａさんのお母さんは前に亡くなったそうです。しかし，Ａさんは，お母さんの死を受け入れられないのか，毎日，お母さんとの思い出話を昨日の事のように話してきました。
　Ａさんにとって，お母さんの存在はとても大きかったのかなと思いました。
　　　　　　　　　　　　　　　　　　　　　　　　　　　　　　　　　【Ｉさん】

▼子どもの時だけでなく，大人になってからも，親はかけがえのない存在です。障碍者施設の利用者の方達は，普段は施設で穏やかに生活していますが，それでも親子旅行や面会日や帰宅する日を楽しみにしています。「親子旅行」は，施設の親子旅行で親に会えなかった利用者の方の寂しさを伝えています。「お母さんの思い出話」は亡くなった母親を想う利用者の方の気持ちが語られています。Ａさんの心の中では今でもお母さんが生きているのだから，Ａさんの話を否定するのではなく，話を合わせることがＡさんの気持ちを受け止めることになるのだと思います。

毬に込められた思い　　　　　　　　　　　【１年次の保育実習Ⅰ（保育所）】
　Ｋ君と初めて出会ったのは，多目的ホールで数名の園児と毬つきをしている時でした。いきなり，すごいスピードで毬が私の後頭部をめがけて飛んできたのです。突然の事だったので，驚きとあまりの痛みでうずくまってしまいました。
　彼とのやり取りを終始傍らで見ていた実習担当保育者から，「余程の事故に繋がらない限り様子を見て下さい。一呼吸をおいて待ちましょう。子どもを信じて。その都度叱っていたら，一日中叱ることになります」と言われました。私は実習生なので，評価に影響が出てはいけないと思い，とりあえず我慢することにしました。
　その後も，彼は，ボールを投げる，いきなりおっぱいをもむ，廊下を歩いていると自分の足を出して転ばそうとする等いろいろな悪戯を仕掛けてきました。イライラする日が２～３日続いたでしょうか？　私は我慢の限界だと感じながら，とにかくその様な行為を無視しました。悪戯をした時は一切関心を示すそぶりを見せず，それ以外の時は他の子と同じ様に接しました。すると，彼から歩み寄ってきたのです。私の前

に来て，私の目を見て話を始めたのです。「おれ，かあちゃん天国行って，いないんだ。ばあちゃん，じいちゃん，父ちゃん，姉ちゃんだけなんだ」と言って，手を触ってきました。私は一瞬驚きましたが「そうだったの，つらかったね，さみしかったね」と話し掛けると，「おれ，かあちゃんいなくても平気なんだ。大人になったら大工になって，がんばるんだ」「おれ，大工道具もっているんだ，おもちゃだけど」と言いました。

　これらの会話がきっかけとなって，彼との交流が始まりました。とても手先が器用な子なので，私が年少児の遊び道具の作り方に困っていると，仲良しの男の子と二人で作ってくれたり，よく私の傍にいるようになりました。好意を持たれると私も彼が愛しくなり，見守れる範囲で彼と付き合いました。まだまだお母さんが必要な時期です。本当は寂しかったのでしょう。彼の生活環境や思っていることをまず最初に考えれば，毬をいきなり投げられても彼のことを理解出来ていたと思います。また，もう少し私自身が保育士を目指す実習生としての心構えを持っていたなら，彼を理解するにはさほど時間はかからなかったと思います。

　実習が終わって実習日誌を取りに行った時や私用で園を訪ねた時，彼は必ずどこからともなく現れて，「さっちゃん！」と側に来てくれます。実習で出会った彼のことは生涯忘れられないと思います。ちなみに彼は年長で，来年小学生になります。立派な大人になることを切に願います。私も，Ｋ君に負けない位，彼のような子ども達の安心の基地となる保育者になれるよう明日の自分を信じて前に進もうと思います。

【Ｉさん】

▼大人にしっかりと気持ちを受け止めてもらって，子どもは安心して外の世界に踏み出すことが出来ます。そして，不安になった時は安心できる大人の元に戻り，気持ちを立て直して再び冒険に出掛けます。多くの場合親がそのような安心できる基地としての役割を担いますが，保育者もまた子どもにとって安心できる存在であることが期待されます。

　「毬に込められた思い」で，学生はＫ君の話を聞いて彼の悪戯の背景を知りました。母親を亡くしたＫ君の寂しい気持ちを学生がきちんと受け止めたから，Ｋ君にとって学生は安心できる存在となり，Ｋ君は変わることが出来たのだと思います。この学生は資格取得を目指して入学してきた社会人ですが，学生もまた気持ちを見る視点をＫ君から学ぶことが出来ました。

第2節　異年齢交流

　異年齢の子どもが一緒に生活する中で，年下の子が年上の子に憧れ真似をしたり，年上の子が"お兄さん""お姉さん"として年下の子の見本となるよう振る舞ったり，年下の子の

第6章　共に生きる　*141*

世話をしたりすることが見られます。年齢が違う子ども同士が育ち合う関係を大切にしたいと思います。

お姉さんになる　　　　　　　　　　　【1年次の保育実習Ⅰ（保育所）】

　私が担当したクラスは年長さんでした。年長さんの中に，何か気に入らないことや不満がある時，すぐに泣いてしまうＡちゃんという女の子がいました。Ａちゃんは，甘えん坊な性格で，私にすぐになついてくれました。Ａちゃんは，いつも友達とおもちゃを取り合ったり，けんかをしたりして泣いている様子でした。そんなＡちゃんのことがとても気になりました。そして私は，「泣いちゃだめだよ。今はお友達の気持ちも少し分かってあげよう」などと声掛けをしていました。

　ある日，年中さんのクラスと遊ぶ機会がありました。そのクラスのＣちゃんが折り紙製作に苦戦していた所，Ａちゃんがやってきました。普段私がクラスで見ていたＡちゃんとは違い，まるでしっかり者のお姉さんのようでした。ＡちゃんはＣちゃんに「こうやってやるんだよ。分からない所があったらまた言ってね」と笑顔で年中さんに教えてあげていました。

　Ａちゃんは普段は先生に甘えん坊だけれども，年少さんや年中さんにはお姉さんらしくとてもしっかりしているのだと思いました。私は，そんなＡちゃんの姿を見てとても感動しました。　　　　　　　　　　　　　　　　　　　　　　　　　　　　　　【Ｙさん】

年上の子の甘えを受け止める　　　　　　【1年次の保育実習Ⅰ（保育所）】

　実習を行った園では縦割り保育をしていて，2歳から6歳の子どもが3つのクラスに振り分けられています。年上の子が年下の子の面倒を見て，年下の子は年上の子を頼りにして憧れを持つ，そんな様子が見られました。だから私も，年上の子には頼ったり，いろいろなことを教えてもらったりと，"小さな子"としては見ていませんでした。

　しかし，年齢別保育になると，甘えてきたり，ぎゅっと抱き付いてきたりといった年上の子の行動に，普段年下の子の前で我慢している分甘えたいだろうし，構ってもらいたいのだろうと思い，甘えを受け止め，抱き締め返しました。

　こういった行動を見てからは，なかなか甘えられない子に対しても，なるべくスキンシップを多く取るように心掛けました。"年上の子"としての自信を持てるように，更に甘えられる環境をも作ることが大切だと感じました。　　　　　　　　　　【Ｔさん】

▼**「お姉さんになる」**では，年長クラスでは泣き虫のＡちゃんが年中の子に対してしっかり者のお姉さんとして振る舞っている姿を報告しています。この様な異年齢の子ども同士の育

ち合う関係を大切にしたいと思います。

　しかし，「年上の子の甘えを受け止める」では，年下の子どもの前で"お兄さん""お姉さん"として振る舞う年上の子もまた，甘えたい気持ちを持っていることを報告しています。保育者はつい年上の子に"お兄さん""お姉さん"としての役回りを期待してしまいますが，年上の子には"お兄さん""お姉さん"としての自負とともに，保育者に甘えたい気持ちもあることを忘れてはならないと思います。

第3節　共に生き，共に育つ

　いろいろな人が一緒にいる社会が健全な社会です。違いを理由に「障碍者」「健常者」等と分けるから偏見や差別が生まれるのだと思います。お互いの違いを個性として尊重し合い，共に生きる中で共に育つ社会を目指したいと思います。

自然に接する子ども達　　　　　　　　　【2年次の保育実習Ⅱ（保育所）】

　Aちゃんには障碍があり，食事や着替えは先生の手伝いがなければできませんでした。最初は，どう係わっていいのか分からず，ほとんど係わることがありませんでした。

　そのクラスに入って3日目，偶然Aちゃんが一人で歩いていたので，一緒に手をつないで部屋を移動しました。それがきっかけで，Aちゃんとは仲良くなり，Aちゃんから手を握ってきてくれるようになりました。

　それだけでも私は元気になりましたが，クラスでAちゃんが困っていたりすると，周りの園児達が先生の真似をして手伝ってあげたり，Aちゃんが好きそうなおもちゃを持ってきてあげたりしていました。その光景を見て，とても感動したのと同時に，最初自分が戸惑っていたことを恥ずかしく思いました。　　　　　　　　【Tさん】

"みんな仲良し"　　　　　　　　　　　【2年次の保育実習Ⅱ（保育所）】

　3歳児クラスにAちゃんという自閉症がある女の子がいました。私はそのクラスに入った時，Aちゃんとどう係わっていいのか分からず，最初は他の子と遊びながらA

ちゃんの様子を見ていました。すると，同じクラスの子がAちゃんと手を繋ぎながら遊んでいたり，「Aちゃん好き！」と言って抱きついたり，普通の子と接するように遊んだりしていました。それで，私も，「Aちゃん」と言って手を握ってみました。すると，Aちゃんはニコッと笑ってくれました。その後も，Aちゃんに話し掛けたり，オモチャで遊んだりしました。

　2日目の朝，Aちゃんは登園してくると私にギュッと抱きついてきました。私はとても嬉しくなって，「Aちゃん，おはよう」と言ったりしてコミュニケーションを取りました。お昼寝をする際，枕を持ってホールに行くのですが，Aちゃんの枕は棚の上にあり，Aちゃんは取れなくてずっと枕を見ていました。Aちゃんの様子に気付いた私は，「はい，どうぞ」とAちゃんに枕を渡しました。すると，Aちゃんはニコッと笑い，私の手を握ってきました。それで，Aちゃんと手を繋ぎホールへ行きました。

　最初はAちゃんとの接し方が分からず様子を見ていましたが，同じクラスの子ども達の行動を見てAちゃんとの接し方が分かるようになりました。子ども達に偏見などはなく，"みんな仲良し"という唯一のルールを守り生活をしていたので，「私も偏見をなくそう」と思うようになりました。　　　　　　　　　　　　　【Ｉさん】

楽しく生活を送れるように　　　　　　　【1年次の教育実習（幼稚園）】

　実習の時，初めてダウン症がある子（年中）と係わりました。とても人懐こい女の子でした。

　私はダウン症がある子とどのように接したらいいのかわからず，戸惑いました。クラスで行動する時や，遊んだりする時にどのような援助したらいいのか考えました。しかし，何か特別な事をするのではなく，その子が楽しく園生活を送れるようにすることが保育者の役割だと実習を通して気付きました。他の子どもと同じように係わっていく事が大切だと思いました。クラス全員で遊ぶ時も同じように接し，もしうまくいかない時は援助する，ただそれだけの事だと思いました。　　　　　　　【Ｏさん】

子どもと同じ目線で　　　　　　　　　　【2年次の教育実習（幼稚園）】

　私は5歳児クラスで15日間実習を行いました。実習4日目に，それまで声を聞いたことがないＳ君の存在に気付きました。保育者に尋ねてみると，Ｓ君は場面緘黙症があるとお聞きしました。保育活動では遅れることなく自分なりのペースで取り組み，自由遊びでは鬼ごっこをして遊んでいる同じクラスの友達の後ろについてＳ君なりに楽しんでいました。Ｓ君にはＭちゃんという早朝保育から延長保育までずっと一緒に

生活している友達がいました。Mちゃんとは2人で楽しそうに遊んだり生活をしたりしている様子が見られましたが，保育者や実習生と目が合うと視線を逸らし立ち止まるという行動が度々ありました。

　短期間ではS君に心を開いてもらうのは難しいと感じましたが，少しでも保育者としてS君の考えや興味を知りたいと思い，S君の遊びの様子や行動を観察していると，雨の日の室内遊びでMちゃんと楽しそうにブロックを組み合わせて電車を作って遊んでいる姿を目にしました。私はS君に近付きブロックを長く繋げ線路を作り「S君の上手にできたね。かっこいい電車走らせてごらん？」と声を掛けると，逃げるように外へ出て行ってしまいました。その日，私は子どもとの係わりの難しさを感じました。

　次の日，園庭で子ども達と遊んでいると，後ろから「先生！　僕は新幹線だから追いかけて」と声が聞こえました。振り返るとS君とMちゃんが笑顔で手招きをしていたので，追いかけ抱き締めました。「先生はS君とお友達になりたいな」と伝えると，再び私から逃げ3人で鬼ごっこが始まりました。そんな遊びが3日間続き，実習最終日を迎えクラスの子ども達と1列でハイタッチをしてお別れを告げると，1番後ろに並んだS君から「先生大好き」という言葉を聞き涙が止まりませんでした。

　自由遊び以外の保育の場面ではコミュニケーションを図ることはできませんでしたが，S君と同じ目線になり，保育者としてではなく友達になるという声掛けがS君には近付きやすい存在と感じてくれたのではないかと思いました。将来クラスをまとめる立場になった時，クラスに30人いたら30通りの考えを持てるような保育者になりたいと思うことができ，とても良い経験になりました。　　　　　　　【Sさん】

▼「自然に接する子ども達」と「"みんな仲良し"」では，障碍がある子を前にして大人は最初戸惑いますが，小さい頃から生活を共にしている子ども達は自然と同じ仲間として受け入れることが出来るということを示しています。私達は，子ども達に習って，障碍があろうがなかろうが，分け隔てなく同じように接すればいいのだと思います。

　「楽しく生活を送れるように」でも，最初学生は，ダウン症がある子との接し方が分からず戸惑いました。しかし，実習を通して，「他の子と同じように係わっていき，もしうまくいかなかったら援助すればいい」ということに気付きました。障碍があってもなくても，子どもは皆同じであると同時に，一人ひとり皆違います。ですから，どの子にも同じように接するのと同時に，一人ひとりに配慮した援助もまた必要なのだと思います。**「子どもと同じ目線で」**では，学生は場面緘黙がある子との係わりを通して，子ども一人ひとりの気持ちに合わせて係わることの大切さに気付き，「クラスに30人いれば30通りの考えを持てる保育者になりたい」と述べています。

　ここで気を付けたい事は，子どもは一人ひとり皆違うのだから，特別な配慮は障碍がある子だけに必要なのではなく，障碍の有無に関係なく全ての子どもに必要だという事です。障

碍がある子だけを特別扱いすると，他の子から不満や差別が生じることがあります。クラス全員一人ひとりが大事にされていれば，特別が特別でなくなり，それが当たり前になります。どの子も自分が大事にされているという実感があれば，他の子が特別扱いされていても不満や差別を抱くことはないと思います。

共に育つ　　　　　　　　　　　　　　　　　【1年次の教育実習（幼稚園）】

　片手がない男の子（A君）がいました。その園では，卒園の時に跳び箱を跳んでいる写真をプレゼントしていました。しかし，A君は跳び箱を跳ぶことができません。すると，子ども達の中から「僕が馬になってあげるから上を跳びなよ」「私も馬になってあげる」等と次々と声があがりました。A君は，地面に伏せた子ども達の上を嬉しそうに跳びました。それを見て私も先生もとても感動しました。　　【Wさん】

ルールを変える　　　　　　　　　　　　　　【2年次の教育実習（幼稚園）】

　実習先に，足に障碍があるAちゃんがいました。皆と同じ遊びがしたくても，ドッジボールや鬼ごっこ等は，「私は出来ないから見ているよ」と言って混ざることができませんでした。するとB君が「Aちゃんも出来るようにルールを変えようよ」と言い，みんなでルールを少し変えて一緒に遊ぶことができました。他にも階段の昇り降りを子ども達が進んで手伝ったりしていました。子ども達同士の助け合いにとても感動しました。　　　　　　　　　　　　　　　　　　　　　　　　　【Yさん】

支え合って成長する　　　　　　　　　　　【1年次の保育実習Ⅰ（保育所）】

　年長児に発達障害があるS君という子がいました。その子は，お友達と同じように走ったり，縄跳びを跳んだりもできます。ただ，質問したことに答えることができません。絵を描いているS君に「何描いているの？」と聞いても，「たーちー」と笑顔でこっちを見るだけでした。

日直は給食をみんなの机まで運ぶのですが，Ｓ君が日直だった時，どこに置けばいいのか分からず，給食を持ったまま戸惑っていました。私が教えてあげようとＳ君に近付こうとしたら，担任の先生が「見ていてあげて」と言うので見ていたら，同じ日直だったＫちゃんが「Ｓ君こっちだよ」，他のお友達も「ここに置くんだよ」とＳ君に教えてあげていました。

　また，日直は前に出て挨拶をします。Ｓ君が自分のロッカーの前で座り込んでしまった時，近くにいたＲちゃんとＡちゃんが「Ｓ君，ご挨拶だよ」「前に行こう」とＳ君と一緒に日直のお手伝いをしてくれました。他の子も常にＳ君を気にしていて，とても優しい子達ばかりでした。先生方が何も言わなくても皆で協力しながらＳ君を支えている姿を見て，とても優しいクラスだと心が温まりました。

　先生に話を聞くと，「Ｓ君が居ることによって，周りがとてもしっかりした子どもに育った。Ｓ君にとってもいい環境になった」と言っていました。Ｓ君はいつも笑顔でとても可愛い子です。その笑顔があるのも周りの子が支えてくれているからなのかなと思いました。支え合って成長していく，とても素敵な子ども達の様子が見られてよかったです。　　　　　　　　　　　　　　　　　　　　　　　　　　　　　【Ｉさん】

仲間を助ける　　　　　　　　　　　　　　　【２年次の教育実習（幼稚園）】

　私は２週間，年長クラスに入っていました。製作など何か全体の活動をする時に，行動が遅い子はいつも大体同じ子でした。私は先生に，その子達の援助に行くよう言われていました。

　しかし，私は援助した経験がこれまで一度もありませんでした。クラスでは，早く終わった子や出来る子などが率先して進みの遅い子に教えてあげていました。子ども達は毎日一緒に生活している友達のことを，すごく良く分かっていました。子ども達は誰が何を分からなくて困っているのかを把握していて，皆で助け合っていました。

　先生にそのことを話すと，「クラスの皆が一番好きな言葉は“仲間”なんだよ」と言われました。「ちょっと見せてごらん」とか「わかる？」とか「ありがとう」とか……そんな言葉がたくさん聞こえ，とても感動しました。　　　　　　　　　　【Ｋさん】

▼「共に育つ」と「ルールを変える」の中で，子ども達は，障碍がある子が参加し易いように自発的にルールを変え，状況を工夫しました。**「支え合って成長する」**では，子ども達が，障碍がある子が困っていれば自然と手を差し伸べ，支え合って成長する姿が報告されています。これらのエピソードは，障碍がある子とない子が一緒に生活する中で，お互いを理解し助け合う関係が自然と築かれるということを示唆しています。

　それは，**「仲間を助ける」**で報告されているように，障碍の有無に関係なく，共通して言

第6章 共に生きる *147*

えることです。子ども達は，小さい頃からいろいろな子と一緒に生活する中で，違いを個性として認め合い，支え合う関係を築くようになります。このような子ども達の温かいエピソードを読むと，彼らが大人になった時，お互いの違いを理由に差別することなく，お互いの違いを尊重し合う対等な社会が構築される可能性を感じさせてくれます。

　しかし，以下の二つのエピソードが示すように，今の日本では子どもに障碍があると学校に上がる時点で多くの場合皆と別の学校や学級に行くことになります。

子どもに寄り添い理解する　　　　　　　　　【1年次の保育実習Ⅰ（保育所）】

　今回の実習で私は，難聴という障碍があるS君（5歳）と出会いました。年長クラスは，1・2日目に担当しました。1日目はどのように接したらよいのか，どのような子なのか分かりませんでした。そのことを保育者に聞くと「少し聞きづらい所があるから大きな声で話してみてね」と言われました。それから，「S君！ 何しているの？」と目を見て大きな声でゆっくりと話してみました。すると，S君は「一緒に遊ぼう」と言ってくれました。

　その日は，保育者がクラスの他の子ども達に，S君は皆と違う聾学校に行くことや，指文字や手話を使うことを伝えていました。指文字をふざけて行うとS君が混乱してしまうということも教えていました。それから，みんなで友達の名前や〝アイウエオ〟などの指文字をS君に教えてもらいながら会話をしていました。このことから，子ども達なりにS君への理解ができているのだと気付きました。私も一緒に指文字や手話を教えてもらったり，短大の授業で習った指文字で自己紹介をしたりしました。

　また，給食の時に遠足の班の3人グループで座り，私はS君がいる班で一緒に食べていました。保育者の「遠足の時に乗りたい乗り物決めてもいいよ！」という掛け声で，他の2人が話し始めました。私は，やはり2人だけで話すのかな…と思っていました。すると，Aちゃんが，「S君は何乗りたい？」と，ゆっくりと大きな声で問い掛けていました。私は，子ども達がS君のことをよく理解し，みんなで決めるということも分かっているのだと知り，とても感動しました。

　それから私もたくさん話すようになると，他のクラスを担当している時もS君は「今日はここなの？」「今日はママがお迎えに来る」等と話をしに来てくれるようになりました。

　S君との係わりを通して，一人ひとりの子どもに寄り添い理解することが大切だと学ぶことができました。　　　　　　　　　　　　　　　　　　　　　　　　【Eさん】

148　第2部　心が育つための支援

> **普通学校に行きたかった**　　　　【2年次の保育実習Ⅰ（障害者支援施設）】
>
> 　R君は，理科が好きらしく，私に「理科好きなんだ。実験とか面白いよね」と話をしてくれました。私が「学校でも実験とかやるの？」と聞くと，「学校ではやらないよ，養護学校（現在の特別支援学校）ではそういうのやらないんだ」と言いました。それを言ったR君の表情は，少し悲しそうでした。本当は，R君は普通の学校に行き，勉強をしたいのだと思いました。そして，私が学校のことを話すと，興味を持って聞いてくれました。「本当？お姉さんも？」と共感してくれることもありました。
>
> 　私の中で，学校に行って勉強をするということが当たり前だと思っていましたが，当たり前ではないということに気付くことができました。　　　　　　　　　【Tさん】

▼「子どもに寄り添い理解する」では，難聴があるS君に対して，子ども達は手話や指文字を覚えたり，ゆっくり大きな声で話し掛けたりしました。生活を共にしているから，S君に対する理解が深まるのだと思います。学生も子ども達に習ってS君のコトバで会話をして，S君と心を通わせました。聞こえづらさがあっても，S君はクラスの皆にとって大切な友達の一人だと思います。S君と皆は別々の学校に行くことになりますが，保育園で分け隔てなく心を通わせた体験は忘れないで欲しいと思います。

　しかし，**「普通学校に行きたかった」**のR君が皆と同じ普通学校に行けなかったように，多くの場合障碍があると学校や学級は皆と別になります。折角幼児期に一緒に生活しても，学齢期に別々になれば，知らず知らずのうちに障碍がある人とない人を分け隔てる心の壁が生まれます。その結果，障碍がある人に対する無理解や偏見や差別が助長され，そのことが障碍がある人達を苦しめます（本章第5節「偏見・差別」参照）。

第4節　施設で暮らす

　誰もが家族と一緒に家庭で生活したいと願っています。しかし，様々な事情で施設での生活を余儀なくされている人達がいます。子どもや利用者の方は，これまでの楽しかった思い出を胸に，または辛かった過去を背負って，施設で生活しています。子どもや利用者の方が施設で互いに支え合って安心して生活出来るように応援したいと思います。

> **施設で暮らす事情**　　　　【2年次の保育実習Ⅰ（知的障害者更生施設）】
>
> 　Yさん（男性）は，施設にいるのが嫌らしく，「Y君は家に帰る。お母さんと家でテレビを見て過ごす」とずっと私に話し掛けてきました。初め私は事情が分からず，Yさんは家に帰るのかなと思い，Yさんに「良いですね。Yさんは家でお母さんとテレビを見るんですか」と言うと，嬉しそうにまた「Y君，家に帰る。○○学園を○

月〇日に出て行く」と言っていました。私は職員の方に「Yさんは家に帰るのです
か？」と聞くと、「あ〜、Yさんはね、学園が大嫌いなのよ。今まで、ずっとお母さ
んと家で自由に生活してきたから、学園の決まった生活になかなか馴染めないみたい
なの。でも、お母さんが体調を崩していて、Yさんは家には帰れないの。でも本人は
何でここにいるのか、納得できないみたいで……だから、いつも家に帰りたいと言っ
ているの」と教えてくれました。

　私は、利用者の方には色々な事情や思いがあって施設で生活しているということが
よく分かりました。それから私は、Yさんの話をたくさん聞いて、Yさんの寂しい気
持ちが少しでも軽くなれば良いなと思いました。　　　　　　　　　【Nさん】

施設での暮らしを励ます　　　【2年次の保育実習Ⅰ（知的障害者更生施設）】

　ある日、６０歳の女性の方が、私の手を引っぱり、施設の隅にある談話室に行きま
した。何かしたいのかなと思いながらも、利用者さんの隣に座りました。すると、と
てもさみしそうに「私は昔からずっと病院にいたんだけど、病院を追い出されてここ
に来たんだよ」と話してくれました。私は「そうなんですか」とただただ利用者さん
の手を握っていることしか出来ませんでした。でも、私は思うままに「ここはとても
良い所じゃないですか。優しい職員の方もいますし、同い年のKさんもいますもん
ね」と言うと、「そうなんだよ。私のお兄さんもたまに来てくれるから嬉しい」と笑
顔に戻りました。

　少しは利用者さんの気持ちに添った言葉を掛けることができたかなと思いました。
その後も、この利用者さんと楽しく会話をすることができました。　　　【Kさん】

▼子ども達や利用者の方達は、家族と一緒に家庭で生活したいと願っています。しかし、
様々な事情で施設での生活を余儀なくされている人達がいます。**「施設で暮らす事情」**で
は、学生は、施設で暮らすYさんの話を沢山聞いてあげて、寂しい気持ちが少しでも軽くな
るよう努めました。**「施設での暮らしを励ます」**では、学生は、施設で暮らす利用者の方に
施設の暮しの良い点を話して励ましました。子どもや利用者の方が施設で安心して楽しく生
活出来るように応援するのが保育者の役割だと思います。

家でたくさん甘える　　　【2年次の保育実習Ⅰ（知的障害者更生施設）】

　施設の利用者さん達はたまにしか家に帰れません。土・日になるとお母さんが迎え
に来てくれるので、もうその日は朝から「きょう、ブーブ、おうち」と言い楽しみに
待っています。

　そして土日が終わり、日曜日の夜お母さんに送られて施設に帰ってくると、家では

何でもやってもらい甘えていたせいか，一人で何もできないし，やらなくなっていました。職員の方は「いっぱい甘えてきたんだね」「何でもやってもらっていたんでしょ」と言っていました。

　私達は毎日親の元で暮らしているから分かりませんが，利用者さん達はたまに家に帰れる時がすごく楽しみで幸せなのだと思いました。何もできなくなって帰って来たということは，いっぱい甘えられたのだなと私は思い，嬉しくなりました。

【Kさん】

施設では十分甘えられない　　　　　【2年次の保育実習Ⅰ（児童養護施設）】

　Kちゃん（6歳）は，自分の事は自分で出来るしっかりした子でした。実習初日に，私が4歳のMちゃんと一緒に遊んでいたら，KちゃんがMちゃんに「Mは，うざいんだよ」と強い口調で言いました。私はKちゃんが何も悪い事をしていないMちゃんにどうしてそのような事を言うのか理解出来ず，「どうしてそんな事言うの？」とKちゃんに尋ねました。すると，Kちゃんは「Mはいつも先生や実習生に甘えるから，K達が甘えられないんだよ」と言いました。私は，Kちゃんが自分の気持ちを素直に伝えてくれたことが嬉しかったのと同時に，こんなに小さい子が親代わりの職員の方を年下の子に独占されて甘える事ができないのはかわいそうだと思いました。

　その日の反省会で職員の方にその事を話すと，子どもの中には，職員に甘えられる子もいれば，遠慮して甘えられない子もいるから，実習生には甘えられない子の方をよく気にかけてあげて欲しいと言われました。次の日からは，Kちゃんの服を一緒に選んだり，寝かしつけの時も，小さい子よりも先にKちゃんの所に行くようにしたりしました。

　施設は集団生活なので，職員の方が1人の子と係わる時間は少なくなってしまうけれど，毎日何らかの形で係わる事で，子どもは，先生は自分の事を見てくれていると感じ，甘えてもいいのだと思う事ができるという事を学びました。　　　　【Mさん】

▼施設で生活している子どもや利用者の方は，家に帰る日を楽しみにしています。**「家でたくさん甘える」**では，帰宅して施設に戻ってきた利用者の方が，以前出来ていたことが出来なくなっていました。その姿に接して，学生は，「何も出来なくなって帰って来たということは，いっぱい甘えられたのだな」と嬉しく思いました。家で沢山甘えられたから，また施設での暮しを頑張れるのだと思います。

　しかし，**「施設では十分甘えられない」**では，児童養護施設の子ども達はまだ小さくても甘えたい気持ちを抑えて我慢していることが報告されています。子ども時代に親に十分甘えられた体験が，その後の成長の糧になります。ですから，これまで家庭で十分甘えられなか

った子ども達だからこそ，施設では子ども達が職員に十分甘えられる環境が必要なのだと思います。

夜になると甘える　　　　　　　　　　　　【2年次の保育実習Ⅰ（児童養護施設）】

　実習の初日は驚いたことばかりでした。暴言を吐く子，叩いたり蹴ったりしあう子，食事の際に喧嘩をして食べ物を投げるなどパニックになる子。様々な子がいましたが，子ども達の優しさや心の寂しさが表れるような行動も度々見ることがありました。

　いつも私に「うざい」「近寄るな」などと言って叩いてくる小学校5年生のS君という男の子がいました。その子はいつも私にちょっかいを出してくる時，少し笑みを浮かべた表情で私に近寄ってくるので，私は何を言われようが叩かれようがその子を叱ることなく，コミュニケーションを取り続けました。

　実習も中盤に入り宿直の時，S君が小学生の就寝時間を過ぎた頃に私の所にやってきて，「先生ー，眠れないから一緒に寝て」と，声を掛けてきたのです。私はS君の声に応えて一緒に寝ることにしました。すると，自分の家族の話，家で何があったか，今お母さんは何をしているかなど様々なことを教えてくれました。会話の途中「先生は家に帰りたい？　お母さんに会いたい？　ここの実習していて楽しい？」と問いかけてきたので，私は「家が好きだし，お母さんも好きだから，少し帰りたいかな。でもS君のことも好きだから，今この時間が楽しいよ」と答えると，S君は布団で顔を隠して「もう寝る！」と言って，照れ隠しをしている様子を見ることができました。

　昼間は強がっていても夜になると甘えてくる子は，S君以外にもたくさんいました。児童養護施設の子ども達には，昼に見せる顔と夜に見せる顔があるのだなと感じました。

　　　　　　　　　　　　　　　　　　　　　　　　　　　　　　　　　　【Kさん】

▼昼間は元気に振る舞っている施設の子ども達も，夜は寂しくなり甘えてきます。**「夜になると甘える」**は，施設で暮らす子ども達の昼間と違う夜の姿を伝えています。子ども達は，人と繋がることで，夜の寂しさや不安を乗り越えようとしているのだと思います。

人と暮らす温かさ　　　　　　　　　　　　【2年次の保育実習Ⅰ（児童養護施設）】

　私が実習に行った施設では，職員の方とそこで暮らす子どもとの信頼感を感じまし

152　第2部　心が育つための支援

た。時に職員として，時に兄姉として，時に親として支援する姿を見ることができました。

実習中，小学校で運動会がありましたが，写真を撮ったり，応援したり，なんら普通の家族と変わらない姿も見ることができました。毎日，食事の時間には顔をそろえ，みんなで食事する姿を見て，もしかしたら一般の家庭よりも家族らしいのではないかと思いました。

家族・家庭とはこういうものだという温かいものを実習で感じ，施設で暮らす子ども達に必要なものは，人と暮らす温かさなのかもしれないと思いました。【Sさん】

仲間を大切にする　　　　　【2年次の保育実習Ⅰ（知的障害者授産施設）】

利用者の方達は作業をしに家から施設に通ってきていました。私が「作業の中で楽しいことは何ですか？」と聞くと，「仲間と一緒に仕事をすること」と答えてくれました。「仕事が大変な時はないですか？」と聞くと，「大変な時もあるけど，みんながいるから乗り越えられるんだ」と話していました。お金のためでもあるけれど，それよりも仲間を大切にしている様子が感じられ，一人ひとりが優しい心を持っていました。一人の人だけではなく，何人に聞いても同じ答えが返ってきたので，びっくりしました。施設が一つになっているのだなという印象を受けました。　　　【Hさん】

助け合う　　　　　　　　【2年次の保育実習Ⅰ（知的障害者更生施設）】

実習では，アメを一本一本土台に差し込む作業，アルミ缶つぶしの作業などを経験しました。全てにおいて利用者の方々はとても明るく，一つの作業を真剣に，一生懸命取り組んでいました。アメを差し込む作業では，うまく差し込めない方に他の利用者の方が助言してあげていました。アルミ缶つぶしでは，どのようにつぶしたら平らにつぶれるかを利用者の方同士で教え合っている姿を何度も見ました。

何事にも利用者の方同士が助け合っているから，私達実習生や支援員の方の仲介は必要ないと感じました。正直，実習前は，「こっちが介助，援助することがほとんどだろうな」と思っていました。しかし，そんなことは全くなく，利用者の方同士で楽しそうに笑いながら生活をしている様子を見て，とても微笑ましく思いました。

【Wさん】

▼「人と暮らす温かさ」では，施設の子ども達や職員の方が本当の家族の様にお互いを大切に思って生活している様子が報告されています。**「仲間を大切にする」**と**「助け合う」**は，障碍がある方達が仲間と一緒に楽しく働いている様子を報告しています。中野尚彦氏

（2009）は，「働くことで世界とつながる。それが人の働くほんとうの理由だと思う」と書いています。人は仲間と働くことや生活を共にすること等を通して，他の人と繋がり，そこに喜びを見出すことが出来るのだと思います。ですから，人と人との繋がりが大切にされているこれらのエピソードを読むと，温かい気持ちになります。人は皆，支え合って生きています。施設で暮らすということは，新しい仲間と互いに支え合い，安心して生活出来る新たな居場所を作ることだと思います。

薬で行動を抑える　　　　　　　　　　【2年次の保育実習Ⅰ（障害者支援施設）】

　　Mさんは私達の実習が始まる何日前かに東京の施設から移動してきた男性の利用者の方でした。その方は，過去のことをとてもよく覚えていました。また，施設に慣れていない不安からか，反抗的な態度で職員に接していました。Mさんは私達に対しても強い口調で当たることがありましたが，楽しそうに話してくることもあり，私にとってMさんとの係わりは，とても楽しいものでした。

　　しかし，Mさんは夜も寝ないで部屋を飛び出したり，ご飯を食べなかったりしました。毎日のようにそれが続くので，職員の方達はずっと付きっきりでとても苦労されていました。実習5日目か6日目の頃，Mさんは医者に行き，行動を薬（精神安定剤）で抑えることになりました。すると，次の日から徐々に元気がなくなっていき，ついにはご飯を食べられなくなり，起き上がることすら困難になってしまいました。その後，Mさんは入院し，実習中Mさんには会うことができませんでした。

　　職員の方も悩んでいるようで，「Mさんの行動やそれに対しての職員の接し方を見てどう思う？」と何回か尋ねられましたが，私達は上手く答えることができませんでした。元気だったMさんが徐々に薬の力で弱っていく経過を見て，挨拶をしても「おはよう」とは言ってくれるものの全く元気がなかったので，とても胸が痛くなりました。

　　Mさんの気持ちになって考えてみると，とても考えがしっかりしている方だったので，もっとMさんの気持ちを尊重しつつ，時間の許す限り話をたくさん聞いてあげることで，Mさん自身の不安を少しずつでも取ってあげることが大切だったのかなと思いました。

　　　　　　　　　　　　　　　　　　　　　　　　　　　　　　　　　　　　【Mさん】

▼**「薬で行動を抑える」**では，薬で行動を抑えることの難しさと苦悩が語られています。利用者の方の中には向精神薬を飲んでいる方がたくさんいます。Mさんも医者から精神安定剤を処方され飲み始めました。すると，別人のように元気がなくなり，食欲も減退しました。学生が書いているように，利用者の方に寄り添い，話を聞き，不安を取り除くことが支援する者の仕事だと思います。話を聞いてもらい，気持ちを受け止めてもらう中で，Mさんの不安は少しずつ安心に変わるのだと思います。

154　第2部　心が育つための支援

節約と貯金　　　　　　　　　　　　【2年次の保育実習Ⅰ（児童養護施設）】

　実習中，その日の勤務が終わってから近くのコンビニへ出かけました。すると，施設の高校1年生のMちゃんとRちゃんが後から追いかけて来て，「実習生どこ出かけるの？」と言ってきました。私が「アイス食べたいからコンビニ行くの」と言うと，「あそこのコンビニより少し遠いけど，あっちのコンビニの方が安いよ」と教えてくれました。子ども達は少しの小遣いの中で節約をしているのだと感じました。

　その夜，Mちゃんの部屋へ行くと，Mちゃんが「最近ipod買ったんだ」と嬉しそうに見せてくれました。「誰に買ってもらったの？」と聞いたら，「毎月貯金して買った」と話してくれました。施設の子ども達は毎月貯金もして，私よりも社会性を身に付け自立していると思い，無駄遣いばかりしている自分を少し情けなく思いました。

　　　　　　　　　　　　　　　　　　　　　　　　　　　　　　　　　　【Tさん】

外の世界　　　　　　　　　　　　　　　【2年次の保育実習Ⅰ（乳児院）】

　ある日，みんなでお散歩に行きました。お散歩といっても周りは田んぼだらけの田舎道で，近くに公園もなくただ乳児院の周りをグルッと歩くだけです。しかし子ども達はとてもウキウキしていて，空に飛んでいる飛行機やトンビ，遠くに見える新幹線や道端の猫じゃらしを素早く見つけ，指を差して教えてくれました。

　子ども達は一日中乳児院の中にいて，外の世界をあまり知りません。外のどんな景色でも子ども達には新鮮で嬉しいものなのです。私も一つひとつの存在を大切にし，色々なものに目を向け，喜びを大切にして生きていかなければと教えられました。

　　　　　　　　　　　　　　　　　　　　　　　　　　　　　　　　　【Oさん】

▼施設実習では，学生達は普段何不自由なく生活をしている自分達がいかに恵まれているかということに気付かされます。**「節約と貯金」**と**「外の世界」**では，いろいろな制約がある施設での生活を体験した学生達のそのような気付きが語られています。

思い出のアルバム　　　　　　　　　　【2年次の保育実習Ⅰ（児童養護施設）】

　私が実習を行った施設では，子ども達が集団で生活する大舎と小規模グループの寮がありました。

　その日は，2回目の小規模グループ（女の子6名）の担当でした。午後子ども達が学校から帰寮し，いつも通り宿題をやり，夕食の時間になったら夕食を食べ，その後は自由な時間を過ごしていました。そして，就寝の時間になると子ども達は各自自分の部屋に入り就寝の準備をしていました。女の子6名のうち3名が小学生だったの

で，職員さんからは「就寝するときは，一緒にいてあげて」と，あらかじめ伝えられていました。

　私は，まず初めにＡちゃん（小学４年生）の部屋へ行きました。Ａちゃんは，まだ翌日の学校の準備をしているところでした。準備を終えると，棚に置いてあった一つのアルバムを手に取り「これ見る？」と言い，私にそのアルバムを見せてくれました。アルバムの中には，Ａちゃんの幼少期の頃の写真やお父さんへのメッセージなどＡちゃんの思い出がたくさん詰まっていました。お父さんへのメッセージを読むと，文章の最後に お父さん　大好きだよ と書いてありました。そして，Ａちゃんに「これは，お父さんに見せたの？」と尋ねると，Ａちゃんは少し悲しそうな表情を浮かべながら３歳の頃にお父さんが亡くなってしまったことを私に話してくれました。

　私はＡちゃんに「話してくれてありがとう」と言い，帰る時間が来たので帰ろうとすると，Ａちゃんは「行かないで……」と私の手を止め，とても不安そうな表情を浮かべていました。私は，このままではいけないと思い，うさぎの絵と Ａちゃん　大好きだよ と書いた紙を渡しました。Ａちゃんは嬉しそうにその紙を眺めながら，少しして眠りにつきました。　　　　　　　　　　　　　　　　　　【Ｈさん】

▼子どもや利用者の方は，楽しかった思い出だけでなく，辛かった過去も背負って，施設で暮らしています。**「思い出のアルバム」**では，小学生のＡちゃんが大切なアルバムを学生に見せてくれました。Ａちゃんにとってアルバムは，死別したお父さんと繋がる形見であり，今を生きる心の支えになっているのだと思います。

第5節　偏見・差別

　これまで，障碍がある方の生きにくさは，その人の中に原因や問題があるとされ，その原因や問題を治療や訓練で軽減することが支援の目標とされてきました。最近では，障碍がある方の生きにくさの多くは，その人を取り巻く人や社会の中に原因や問題があり，私達や社会が変わることで改善出来るという考えが広まりつつあります。

　津守真氏（2005）は，「障害の害は害毒の害である。この子ども達は何も害毒を流していない。これに気が付いたときに私は害という字を使えなくなった。『碍』は妨げの石という意味である。目から石を取り除けば障害は障害でなくなる」と書いています[注7]。

　この言葉の意味を私なりに解釈すると，図６のようになります。ここでは妨げの石をバリア（障壁）に近い意味でとらえています。車椅子に乗っている方を例にとると，その方が社会に対して何らかの害を与えるのではなく，その方の円滑な生活を妨げるものが社会の中にあり，それこそが障碍ということになります。車椅子に乗っている人にとって，階段や段差等が行く手を妨げる石，即ち物理的な障碍（バリア）となります。しかし，妨げの石は，車

椅子に乗った人を見る私達の目の中にもあります。目の中の石とは，偏見や差別といった心の障碍（バリア）です。

　一般的にバリアは，物理的なバリア，情報のバリア，制度のバリア，心のバリアの4つに分類されます。道路にスロープを作ったり点字ブロックを敷設したりすることは，物理的バリアの軽減をもたらします。点字や手話が普及することで情報のバリアが軽減されます。また，資格・免許等の付与を制限する条項を見直すことで，制度のバリアが改善されます。しかし，偏見や差別といった心のバリアがなくならないことには，真の意味でのバリアフリーの社会は実現しません。偏見や差別は，障碍があると言われる人に対する理解を深めることで軽減することが出来ます。

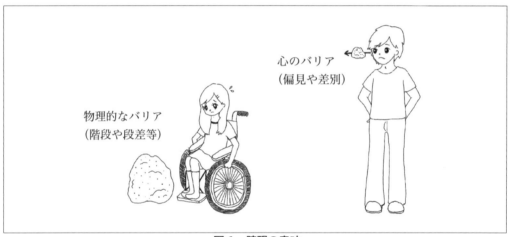

図6　障碍の意味

　本節では，学生達のエピソードを通して，偏見や差別がどのようにして生まれ，またどのようにすればそれが軽減されるのかを探りたいと思います。

差別に負けない　　　　　　　　　　【2年次の保育実習Ⅰ（知的障害者更生施設）】
　施設で栽培した椎茸をある会社の中で販売しました。その時，社員の人達の多くは，実習生の私や施設の職員の方には挨拶を返してくれるのに，障碍がある利用者の方には挨拶をしてくれませんでした。
　けれど，ダウン症がある利用者の方が「僕達に挨拶をしてくれない人は，耳も口も無いんですね。でも，僕は耳も口もあるから元気に挨拶します！」と言われ，とても感動しました。　　　　　　　　　　　　　　　　　　　　　　　　　　【Aさん】

心のバリアフリー　　　　　　　　　【2年次の保育実習Ⅰ（知的障害者更生施設）】
　職員の方から聞いた話ですが，Oさんは小さい時からこの施設にいました。Oさん

第6章　共に生きる　*157*

はとても人のお世話が好きな人で，優しい人です。家族の方も，とても良い人です。けれど，Ｏさんはここにいる間，たくさんの悲しい経験をしてきました。家族も同じです。その経験とは，Ｏさんの兄弟は，知的障碍があるＯさんがいることで何度も恋愛（結婚）に失敗していました。それで，Ｏさんは自分がいるから…と何度も傷ついたそうです。両親も，自分がこの子を産んだ事でＯさん自身に悲しい思いをさせ，そして兄弟達にも辛い思いをさせた，と職員の方に涙ながらに話したそうです。母親は，職員の方に「私は，この子を置いて死ねません」と言ったそうです。

　私は，どうして障碍があると言うだけで，こんな思いをしなくてはならないのだろうと思いました。世の中は，バリアフリーとか言う事を言っているけれど，実際は，健常者は障碍を持った方の事を全く理解していなくて，偏見ばかりを持っているのだなと思いました。　　　　　　　　　　　　　　　　　　　　　　　　　　　　　　　【Ｓさん】

▼「差別に負けない」では椎茸販売で訪れた会社で，世間の大人の人達からの冷たい視線や仕打ちを体験しました。「心のバリアフリー」は，障碍があるという理由でＯさんやその家族がこれまで被った悲しい体験が報告されています。いまだ社会には障碍がある方に対する偏見や差別は根強くあります。学生達は，施設から外の世界に触れて，改めてその事を痛感します。

意味が分かると不安が無くなる　　　　　【２年次の保育実習Ｉ（障害者支援施設）】

　私は障碍がある人のことが全く分かりませんでした。分からないことが不安につながり，施設実習に行くのがとても嫌でした。しかし，１日目から利用者さんは積極的に係わってきて下さり，そんな不安はすぐに無くなりました。

　その中で，男性利用者さんのＴさんは，すごく身長が高く，言葉を話さず，いつもホールで手を腰の辺りで振っていました。私は，そんなＴさんを少し怖いなと感じてしまいました。

　実習９日目に男性ユニットで実習させて頂く機会がありました。Ｔさんは，自由時間に電車のＤＶＤを見ていました。ＤＶＤを見終った後，私はＴさんに「電車が好きなのですか？」と手で電車の真似をしながら聞くと，Ｔさんはいつもホールでしている手の動きをしました。その時私は，Ｔさんは電車の動きを真似していたのだと気付きました。私が近付くと毎日その動作をしてくれていたのは，電車の動きで好きな電車を伝えてくれていたのだと理解しました。

　今まで何の動きか分からず怖くて近付けませんでしたが，Ｔさんの動作の意味を知った時不安が無くなりました。Ｔさんのことを何も知らないのに勝手に怖いと思ってしまったことを恥ずかしく思いました。これからは，一人ひとり利用者さんのことをよく観察して理解し，障碍がある人として見るのではなく私達と同じ１人の人間とし

158　第2部　心が育つための支援

て接していきたいと思いました。　　　　　　　　　　　　　　【Fさん】

▼「**意味が分かると不安が無くなる**」では，学生は，利用者の方達と交流することで施設実習に対する不安が無くなり，また不可解だったTさんの行動の意味を理解することでTさんに対する恐怖心が無くなりました。このエピソードからも明らかなように，知らないことが不安を招き，それが偏見や差別にも繋がります。無知が不安を助長するのであれば，理解は不安の軽減を助けます。偏見や差別を解消するためにも，私達は障碍があると言われている人達を深く理解することが必要なのだと思います。

相手の心に触れること　　　　　　【2年次の保育実習Ⅰ（障害者支援施設）】

　私は障碍がある人を差別しないようにしてきました。しかし，どこかで差別しているのだと気付いたのは，施設実習でした。同じ人間だと分かっていても，怖いと思ってしまったり，触るのに抵抗があったりして，そんな自分が嫌いになりました。

　しかし，一緒に過ごすうちに，利用者さん達はとても優しくて，ユーモアがあって，温かい心を持っていることが分かり，受け入れられるようになりました。みなさん私より年上ですが，行事をとても楽しそうにしていて，まるで子どものように純粋な心を持っていることが分かりました。

　ビデオや教科書で勉強をして分かったつもりでいましたが，本当は何も分かっていなかったことに気が付きました。実際に相手の心に触れることが，相手を理解することでした。　　　　　　　　　　　　　　　　　　　　　　　　　【Tさん】

気持ちを理解する　　　　　　　　　　　【2年次の保育実習Ⅱ（保育所）】

　年長児クラスで出会ったY君は自閉症がありましたが，人懐っこく，笑顔の素敵な男の子でした。

　ある日，クラスの男の子がY君の落とした弁当のゴム紐を拾い，Y君に返してくれました。Y君はそれを受け取り，床の上に置きました。男の子は，隣の席が空いていたので，「そこに置いた方がいいよ」と言い，そのゴム紐を拾い席に置いてくれました。しかし，Y君は「うー，うー」と言い，再び床に置きました。二人は，そのようなやりとりを何度か繰り返しました。すると，周りの子ども達が「Y君は床に置きたいんだよ！」「そのままでいいんだよ」と声を掛け，その男の子も分かったらしく，「じゃあ，床に置いておくね」とY君に言いました。

　そのクラスの子ども達は，Y君の障碍は分からないけれど，Y君の気持ちは理解しているみたいで，とても良いクラスだなと思いました。私は男の子に「ありがとう」と声を掛け，Y君にも「良かったね」と声を掛けると，Y君はニコニコ笑ってくれま

第6章　共に生きる　*159*

　した。　　　　　　　　　　　　　　　　　　　　　　　　　　　【Sさん】

▼「相手の心に触れること」では，学生は，「相手の心に触れることが，相手を理解することだ」と気付きました。学生が書いているように，実際に係わってその人の心を知ることがその人を理解することに繋がるのだと思います。

　「気持ちを理解する」は，小さい頃から一緒に生活している子ども達は，障碍について詳しく知らなくても，その子の気持ちをきちんと理解することが出来るという事を示しています。大事なことは，障碍を知ることではなく，その子の気持ちを知ることだと思います。

　障碍の診断名やその特性を知ることによって障碍がある子の理解が深まることがありますが，その子を分かったことにはなりません。自閉症スペクトラムに限らずダウン症や発達障害があると言われる子ども達もみな一人ひとり違い，それぞれ個性を持った独自の存在です。ダウン症がある子（知行君）の父親である徳田茂氏（1994）は，「知行のペースとか感じ方とかは，…ダウン症児の特徴を記した本を何十回読んでも分かるものではない。本を読めば，『ダウン症児一般』についての知識は確かに増すであろう。しかし，知行は『ダウン症児一般』ではない。知行は，知行なのだ」と述べています。保育者は障碍についての一般的な知識や特性の理解にとどまらず，子ども一人ひとりを理解することが求められます。そのためには，実際に目の前にいる子どもと係わることによって，その子に対する理解を深めることが重要となります。

　地域の方の障碍者理解　　　　　　　【2年次の保育実習Ⅰ（障害者支援施設）】

　施設実習最終日の反省会で職員の方から次のような素敵な話を聞きました。

　「毎週雑誌『週刊少年ジャンプ』を職員にコンビニで買ってきてもらい，読んでから雑誌を破くのを楽しんでいる利用者さんがいました。しかし，ジャンプを毎週買うとお金がかかるという事で，無料のフリーペーパーに変えて利用者さんに施設で渡すようにしました。すると，利用者さんはフリーペーパーでは納得できず騒いでしまいました。そこで，コンビニの店員の方が考えて，フリーペーパーをコンビニのビニール袋に入れてくれました。それを利用者さんに渡すと，買ってきた雰囲気を味わえたのか，とても喜んでいました」

　この話を聞いて，地域の方の障碍者への理解も徐々に広がっているのだと感じました。　　　　　　　　　　　　　　　　　　　　　　　　　　　　　【Aさん】

▼「地域の方の障碍者理解」では，地域のコンビニの店員さんが障碍がある方の気持ちをきちんと考えて対応を工夫してくれた話が報告されています。施設が地域に対して開かれていれば，普段から利用者の方と地域の方との交流が活発に起き，地域の方の障碍がある方への理解も深まり，利用者の方一人ひとりの気持ちに寄り添った対応も可能になるのだと思いま

160 第2部 心が育つための支援

す。

実習を通して学生達は，障碍がある方の温かい気持ちや純粋な心に触れて，実習前に抱いていた偏見や差別を見直すことが出来ます。特に施設実習では，多くの学生は自らの目の中に妨げの石があること，即ち偏見や差別の感情を持っていることに気付きます。そして，障碍がある方の心に触れる中で，障碍がある方に対する見方や接し方を改めることが出来ます。

障碍があろうがなかろうが，人は皆，同じ人間として対等な存在です。同時に，人は一人ひとり違った個性を持った固有な存在でもあります。金子みすず（1984）の詩「わたしと小鳥とすずと」にもあるように「みんな違って，みんないい」はずなのに，その違いが「健常者」「障碍者」等と分ける理由にされてしまいます。人を分けたり，学校を分けたりするから，偏見や差別が生まれるのだと思います。

お母さんの思い　　　　　　　　　【2年次の保育実習Ⅲ（児童発達支援）】

　私が実習でお世話になった児童発達支援施設では，小集団保育と個別の療育をしていました。また，特徴的なのは母子通園と言って，お母さんと子どもで保育に参加するという原則がありました。初めは，母子通園に抵抗を感じた私でしたが，お母さん達は温かく迎えて下さり，楽しく実習を行うことができました。

　ここに通う子ども達は，様々な障碍を持っていました。知的障碍・身体障碍・自閉症スペクトラム・肢体不自由・脳性マヒなどがあり，障碍を併せ持った子もいました。障碍の程度もそれぞれ違う中で，一人ひとりに合った個別での療育も見学させて頂きました。責任実習も経験させて頂き，改めて子ども達と楽しみながら何かをすることの大切さを学びました。

　そんな中で一組の親子と親密になることができ，お母さんと話す機会がありました。その子のお母さんは，障碍を持って生まれたその子と生きていく楽しさを私に教えて下さいました。それと同時に，辛さを感じることがあることも話して下さいました。初めは，子どもに話し掛けても通じなかったり，子どもが奇声を上げたり，他の子とは違う遊びをしたりすることに悩みを抱えていたそうです。しかし，施設に通うようになり，様々な障碍を持った子ども達やその両親に出会うことで，今までの考え方が変わったと言っていました。手足が動かないことで子どもの自由が奪われているのではないか，障碍がこの子を不自由にさせているのではないか，そう感じていたそうです。しかし，個別の療育などで一つの遊具に集中している姿をみたり，椅子に座っていられる時間が長くなったり，自分のことを「ママ」と呼んでくれたり，普段お家の中で過ごしていたら分からなかったその子の一面をたくさん見ることができ，希望や期待が大きくなっていったそうです。

　障碍については様々な意見があります。認めてくれる人もいれば，否定する人もいます。しかし，みんな同じ人間なのだから支えあって生きていくことができると思い

ます。悩みや不安もありますが，たくさんの理解と愛でその子達を包んで，家族と周囲と笑顔の絶えない未来を一緒に支えていきたいと思いました。たくさん泣いて悩んできた分もっと笑顔で希望を絶やさずに生きていけるように，私達はサポートしていけるのではないかと思いました。　　　　　　　　　　　　　　　　【Mさん】

▼**「お母さんの思い」**では，障碍がある子を育てるお母さんの気持ちの変化が語られています。最初は他の子との違いに悩んでいたお母さんが，次第にその子なりの成長を喜びと感じられるようになりました。親が我が子の障碍を受け入れるには，多くの時間が必要です。保育者は親の不安や苦悩に耳を傾けながら，温かく見守り続ける姿勢が求められます。一緒に悩んでくれる人がいることは，親にとって大きな心の支えとなると思います。

　子どもに障碍があると，親はその障碍を軽減することに心を奪われ，子どもの気持ちを見失うことがあります。あるお母さんは子育てを振り返って，「子どもが小さい時，親は訓練が大事だと言われればそうだと思い，全体を見る余裕がなかった。障碍ばかりを見て育ててきた」と語っています。親が障碍を個性の一つと考え，子どもをありのまま肯定的に受け入れられるようになった時，親子関係が好転します（小竹，2011）。

　どの子も素晴らしい心の種を持っていますが，障碍がそれを見えにくくすることがあります。あるお母さんは障碍がある子を育てる心境を，「子育ては，子どもの思いを探していく宝探しの冒険の旅でもあるのですね。ジャングルが深い分だけその宝物のきらめきが増すことを信じています」（小竹，1996）と述べています。保育者は，本書の第1部第2章第1節で述べた子どもの気持ち（思い）を見る視点を親と共有し，親と一緒に子どもの心を育てる姿勢を大切にして欲しいと思います。自信・安心・信頼といった心が育てば，子どもは自ら世界を広げていきます。

注7　これまで障がいの表記には，本来の「碍」が常用漢字に含まれていないという理由で「害」が代用されてきました。しかし，「害」は人に悪い影響を与えるといった意味が含まれるため，近年では「がい」と平仮名で表記することが多くなりました。本書では，固有名詞や引用文では「障害」，それ以外では基本的に「障碍」と表記しました。

　　しかし，「障害」を「障碍」，「障害者」を「障碍がある方」と置き換えてみたところで，違和感は残ります。なぜなら，前述したように，障碍があると言われている方の生きにくさの多くは，その人に問題があるのではなく，周囲の人達の偏見や差別，健常な人を中心に作られた社会の仕組みや環境等によって引き起こされていると考えるからです。変わるべきは，むしろ私達や社会なのだと思います。

おわりに

　心は見えないけれど，見えないものの中にこそ大切なものが隠されています。学生達は実習先で子どもや障碍がある方と真摯に向き合い，子どもや障碍がある方の心を探し続けました。その結果，子どもや障碍がある方のキラキラ輝く思いをたくさん報告してくれました。私は，これらの貴重な報告を埋もれさせてしまうのは惜しいと考え，実習エピソード報告集を毎年作成するようになりました。学生達が書き残したエピソードは10,000編を超え，今回約200編を選び本書に収めました。

　学生が書いたエピソードに未熟な点があったとしても，エピソードを書くことが保育者として成長していく過程で大切な意味があることをご理解の上，ご容赦頂きたいと思います。また，エピソードに関する解説やコメントなどは，いずれも私個人の狭い見解です。ご批判を反省の糧として今後更なる研鑽を積みたいと思います。

　本書を作成する過程で，多くの方から貴重なご意見や励ましのお言葉を頂きました。特に養成校の先生方からは本書のもとになった実習エピソード報告集にいつも温かい言葉を頂き，継続の励みとなりました。学生達が実習先で子どもや障碍がある方と真摯に向き合えたのは，ひとえに先生方の日頃のご指導の賜物だと，深く感謝申し上げます。

　学生達は，実習で出会った子どもや障碍がある方との係わりを振り返り，学びや気付きを一生懸命書いてくれました。その様な学生達の熱意に支えられて，この本を仕上げることが出来ました。そのことを，何よりも学生達に感謝したいと思います。

　エピソードに添えられた挿絵の多くは，綿貫由利さんが描いて下さいました。また，表紙絵は，杉山和未さんが描いて下さいました。北詰翔子さんは，１部・２部の扉の絵と私の文章の挿絵を描いて下さいました。これらの素敵な絵のお蔭で，この本に一層柔らかな輝きを持たせることが出来ました。快く引き受けて下さった皆様に心から感謝致します。

　養成校を卒業した学生達は，保育所・幼稚園・施設等へと赴き，それぞれの職場で子どもや障碍がある方と手を繋ぎ，心を繋いで，共に歩み続けています。仕事に行き詰まった時には，子どもや障碍がある方と純粋に向き合った日々を思い起こして，再び力強く前に進んでくれることと信じています。

　最後に，川島書店の松田博明氏には，読み手の視点に立った編集上の工夫を教えて頂きました。また，執筆の過程で迷う度に貴重なアドバイスを頂きました。不慣れな作業を支え続けて下さったことに厚く御礼申し上げます。

２０１６年９月１３日

小竹　利夫

〈引用文献〉

青木沙織・小竹利夫（2009）「実習のエピソード」障害児教育学研究, 第13巻第2号, pp. 11-13.

Ｌ．Ｓ．ヴィゴツキー（1962）『思考と言語　下』（柴田義松訳）明治図書.

牛渡美智代（1997）「学習の記録」№10, 前橋こどものへや・太田こどものへや.

梅津八三（1967）「言語行動の系譜」東京大学公開講座9『言語』　東京大学出版会, pp. 49-82.

梅津八三（1974）「重度・重複障害者の教育のあり方」特殊教育4号, pp. 2-5.

梅津八三（1976）「心理学的行動図」重複障害教育研究所紀要, 第1巻第1号.

梅津八三（1977）「各種障害事例における自成信号系活動の促進と構成信号系活動の形成に関する研究」教育心理学年報, 第17集, pp. 101-104.

Ｅ．Ｈ．エリクソン（1977）『幼児期と社会　1』（仁科弥生訳）みすず書房.

金子みすず（1984）『金子みすず童謡集　わたしと小鳥とすずと』ＪＵＬＡ出版局.

木村允彦（2009）『アカシヤこどものへや公開講座資料』アカシヤこどものへや.

鯨岡峻・鯨岡和子（2001）『保育を支える発達心理学』ミネルヴァ書房.

鯨岡峻・鯨岡和子（2004）『よくわかる　保育心理学』ミネルヴァ書房.

鯨岡峻・鯨岡和子（2007）『保育のためのエピソード記述入門』ミネルヴァ書房.

鯨岡峻（2008）「人と人の間にあるもの」手をつなぐ, 9月号, pp. 4-7.

佐々木正美（1998）『子どもへのまなざし』福音館書店.

小竹利夫（1996）『子供達の思いを探して』障害児教育学研究, 第3巻2号　モノグラフ１.

小竹利夫（2011）「重い障碍を持った少女における人との心の繋がりの深まり」佐野短期大学研究紀要, 第22号, pp. 143-148.

小竹利夫（2016）「特別な配慮を必要とする児童及びその家庭に対する支援」, 井村圭壮・今井慶宗（編）『保育実践と家庭支援論』勁草書房.

小竹利夫・小関真奈美（2017印刷中）「コトバが育つための援助」障害児教育学研究, 第18巻1・2号.

津守真（1980）『保育の体験と思索』大日本図書.

津守真（1991）『シリーズ授業⑩　障害児教育』岩波書店.

津守真（1997）『保育者の地平』ミネルヴァ書房.

津守真（2005）「地を這う保育の日々に光を求めて」（佐藤学監修『学びとケアで育つ－愛育養護学校の子ども・教師・親』小学館）.

津守真（2001）「保育の知を求めて」　日本女子大学LLC 講座. https://llc.jwu.ac.jp/

徳田茂（1994）『知行とともに』川島書店.

富田富士也（1995）『子どもたちの暗号』ハート出版.

中野尚彦（2006）『障碍児心理学ものがたり　小さな秩序系の記録　Ⅰ』明石書店.

中野尚彦（2009）『障碍児心理学ものがたり　小さな秩序系の記録　Ⅱ』明石書店.

中野尚彦（2014）「文字について考える－子どもに教えるために－」上毛障害児教育研究会配

布資料.

福田雅章 (2012)「園長のひとりごと」http://blog.canpan.info/yohtokuen/

芳野正昭 (2009)「青木さん論文に対する一考察」（私信）.

〈巻末資料〉

① 実習した施設の種別

　各実習エピソードの右上に，実習した当時の実習先の施設の種別を記しました。本書で取り上げた実習先として，保育所・幼稚園の他に以下のような施設がありました。

乳児院：「乳児（保健上，安定した生活環境の確保その他の理由により特に必要のある場合には，幼児を含む。）を入院させて，これを養育し，あわせて退院した者について相談その他の援助を行うことを目的とする施設」（児童福祉法　第37条より）。

児童養護施設：「保護者のない児童，虐待されている児童，その他環境上養護を要する児童を入所させて，これを養護し，あわせて退所した者に対する相談その他の自立のための援助を行うことを目的とする施設」（児童福祉法　第41条より）。養護形態は，全員が一緒に生活する大舎制，家庭に近い形で少人数で生活するユニット制や小舎制やグループホームなどがある。

知的障害児施設：「知的障害がある児童を入所させて，これを保護するとともに，独立自活に必要な知識技能を与えることを目的とする施設」（児童福祉法　第42条より）。

知的障害児通園施設：「知的障害のある児童を日々保護者の下から通わせて，これを保護するとともに，独立自活に必要な知識技能を与えることを目的とする施設」（児童福祉法　第43条より）。

知的障害者更生施設：18歳以上の知的障碍者を，保護するとともに，日常生活自立のための指導・訓練を与えることを目的とする施設。入所と通所がある。

知的障害者授産施設：18歳以上の知的障碍者で，一般雇用が困難な者に対して，自立に必要な日常生活の訓練を行うとともに，職業を与えて自活を支援することを目的とする施設。入所と通所がある。

重症心身障害児施設：「重度の知的障害及び重度の肢体不自由が重複している児童を入所させて，これを保護するとともに，治療及び日常生活の指導をすることを目的とする施設」（児童福祉法　第44条の4より）。

肢体不自由児施設：「肢体不自由児施設は，上肢，下肢又は体幹の機能の障害のある児童を治療するとともに，独立自活に必要な知識技能を与えることを目的とする施設」（児童福祉法　第43条の3より）。

障害者支援施設：「障害者につき，施設入所支援を行うとともに，施設入所支援以外の施設障害福祉サービスを行う施設」（障害者総合支援法　第5条の11により）。障害福祉サービスとは，居宅介護，重度訪問介護，行動援護，療養介護，生活介護，短期入所，重度障害者等包括支援，共同生活介護（ケアホーム注1），施設入所支援，自立訓練，就労移行支援，就労継続支援及び共同生活援助（グループホーム注2）をいう。

福祉型障害児入所施設：「障害がある児童を入所させて，これを保護するとともに，日常生活の

指導及び独立自活に必要な知識技能を与えることを目的とする施設」（児童福祉法　第42条より）。

医療型障害児入所施設：「障害がある児童を入所させて，これを保護するとともに，日常生活の指導，独立自活に必要な知識技能を与えること及び治療を目的とする施設」（児童福祉法　第42条より）。

児童デイサービス：障害福祉サービス事業。就学前に通所で療育する保育施設的な事業と，就学後の放課後にサービスを提供するものがある。日常生活における基本的な動作の指導，集団生活への適応訓練等を行う。現在，児童発達支援と放課後等デイサービスに分割された。

児童発達支援センター：通所利用障害児やその家族に対する支援を行うとともに，施設の有する専門機能を活かし，地域の障害児やその家族への相談，障害児を預かる施設への援助・助言を併せて行うなど，地域の中核的な療育支援施設。

児童発達支援事業所：通所利用障害児やその家族に対する支援。通所利用障害児に対する日常生活における基本的な動作の指導，知識技能の付与，集団生活への適応訓練その他の厚生労働省令で定める便宜を供与。

放課後等デイサービス：学校授業終了後又は休業日において，生活能力の向上のために必要な訓練，社会との交流の促進その他の便宜を供与。

注1　ケアホーム：障害がある人に対して，共同生活を行う住居で，入浴，排泄，食事の介護などを行う。現在，グループホームに一元化された。

注2　グループホーム：障害がある人に対して，共同生活を行う住居で，相談や日常生活上の援助を行う。

おもちゃを作る
保育所での保育実習Ⅱ

雨の中カッパを着てどろ遊び
保育所での保育実習Ⅱ

② 写真撮影に協力して頂いた保育所・幼稚園・施設

保育所：あおば保育園・小俣幼児生活団・木の実保育園・ふざかしおひさま保育園・ポッポ保育園・友里かご保育園

幼稚園：しらさぎ幼稚園・呑竜幼稚園・旗川幼稚園・若葉幼稚園

児童発達支援センター：ひまわり学園

障害者支援施設：しのいの郷・皇海荘・美里学園

手遊びをする
保育所での保育実習Ⅱ

はじき絵をする
幼稚園での教育実習（参加・総合）

巻末資料　*169*

子どもと同じものを見る
保育所での保育実習Ⅱ

園庭を散歩する
保育所での保育実習Ⅱ

おもちゃを作る
保育所での保育実習Ⅱ

折り紙を教える
保育所での保育実習Ⅱ

手作りロケットを飛ばす
保育所での保育実習Ⅱ

竹馬の補助
幼稚園での教育実習（参加・総合）

③　エピソード執筆者（敬称略）

青木沙織　安部愛望　石井しおり　今泉理沙　入山宜子　小島路代　金子結　小池友香　小泉友希
後藤静香　小松原未貴　杉山和未　鈴木麻里奈　関根綾香　長沼瞳　田名部智恵子　仲江川祐香
長谷川真都　谷島由真　山中美穂　横堀恵梨　渡辺愛美　　　　　　　　　　　　　　　（2007年度）

阿部輝宗　飯島一珠　飯塚正好　石嶋愛美　大島悠生　大牧麻美　小貫美和　海賀有里子　鹿沼史恵
金子愛　小島彩　篠原愛　島田聡　鈴木明日実　鈴木友里恵　高塩健太　高橋久留美　田村知香
塚越彩乃　手塚明穂　深谷由美　星野香織　味蓼由加里　宮山優佳　本橋悠里江　森田愛里
柳田侑菜　山崎菜緒　山崎淑恵　山田聡美　渡邉智子　　　　　　　　　　　　　　　　（2008年度）

青木舞　阿部歩美　天海沙耶加　内川知恵　大根田美樹　大家直実　岡本純奈　小野静　亀山絵梨香
亀山透　北上明日香　木村幸菜　黒田愛香　後関麻佑　坂本恵　佐久間加須美　篠田美香　曽部友香
田上泉　春山朋恵　鉾立愛　牧子亜矢乃　森合さゆり　横田早紀　　　　　　　　　　　（2009年度）

五十嵐瞳　板倉巽　伊藤雪恵　岩渕教恵　上杉咲　大橋菜奈　角田萌　神山俊介
川上莉代　岸絢乃　籠谷麻弥　斎藤美里　島田佳菜子　鈴木沙有理　高村須弥子　竹内綾香
竹澤綾香　谷口絵美　塚原早紀　東泉杏里　新田祥子　野澤あすか　橋本亮　原口里美　本多知美
眞尾佐知子　増田佑季　村田智美　渡邉沙紀　　　　　　　　　　　　　　　　　　　（2010年度）

相川増美　石崎珠理恵　稲葉友未　大野仁美　小野恵那　小野崎由佳　北詰翔子　篠原亜依
柴田弥生　鈴木香苗　塚原優子　手塚駿作　中川咲　広沢優佳　福田桃子　藤木美里
万年潤　森川知恵　梁島綾音　山崎好美　横倉萌　　　　　　　　　　　　　　　　　（2011年度）

阿部ゆかり　入江彩夏　遠藤佳余　齋藤彩可　笹沼咲希　佐保愛実　佐藤千紘　周東由紀子
鈴木絵理　田中梨絵　中村可菜絵　並里留奈　藤井杏奈　藤平香奈　松沼梨香　宮田佳澄　武藤千裕
八木澤里沙　山野井梨紗　横塚一馬　横山笑佳　　　　　　　　　　　　　　　　　　（2012年度）

青山太紀　石井加菜　伊藤幸子　海老沼純奈　大竹美咲　小川つぐみ　奥澤絵美　加藤千裕
古川路万　山崎麗　　　　　　　　　　　　　　　　　　　　　　　　　　　　　　　（2013年度）

黒川美聖　桑原有佳理　島田亜由美　鈴木琴　名渕貴子　高橋奈々　福地美咲　味野和桃子
安野詩織　　　　　　　　　　　　　　　　　　　　　　　　　　　　　　　　　　　（2014年度）

江連美希　樫村遥　椎名厚史　鈴木歩惟　高木明希　高野康子　高橋香保　中村有伽　新谷友希
菱井由希子　福田洋子　益子唯　松本由貴乃　湯浅あゆ　　　　　　　　　　　　　　　（2015年度）

倉持美咲　佐多陽向子　丸山彩水　　　　　　　　　　　　　　　　　　　　　　　　（2016年度）

④ エピソード一覧

参照先(部・章・節・見出し)				エピソードの題(ページ)
第1部	第1章	第1節	実習エピソードとの出会い	気持ちに寄り添って見えたもの(P2)
	第2章	第3節	(1)教育実習(観察)	初めての実習(P11)・自立を助ける(P11)・見守る(P12)・甘える理由(P13)・言葉や行動の奥の気持ち(P13)・　笑顔に出来れば(P14)
			(2)保育実習Ⅰ(公立保育所)	心で会話する(P15)・目線に気付く(P15)・特別なことはいらない(P16)・心の声(P16)
			(3)教育実習(参加・総合)	大切な一冊(P17)・子どもの笑顔のために頑張る(P18)・子ども達の優しさ(P18)・実習最終日の思い出(P19)
			(4)保育実習Ⅰ(施設)　①乳児院	愛情を注ぐ(P20)・甘え(P21)・成長するということ(P22)・虐待を受けた子ども達(P22)・新しいママ(P23)・親子の面接(P23)・「人に愛された子は、人を愛することができる」(P24)
			(4)保育実習Ⅰ(施設)　②児童養護施設	心の傷(P25)・雨の中の見送り(P25)・安心して眠る(P25)・お母さん代わり(P26)・おっぱいの思い出(P27)・本当の家族(P27)・二人のお母さん(P28)・家事(P28)・感謝の気持ち(P29)・頼れる家族がいるということ(P29)
			(4)保育実習Ⅰ(施設)　③医療型障害児入所施設	ＹＥＳ、ＮＯサイン(P30)・病院での保育士の役割(P31)
			(4)保育実習Ⅰ(施設)　④児童発達支援	小さな変化に感動(P31)
			(4)保育実習Ⅰ(施設)　⑤障害者支援施設	身振りの意味(P33)・温かい言葉(P33)・働く楽しみ(P34)・同じ人間(P35)・小さな反応を喜ぶ(P35)・両親に「ありがとう」と伝える(P36)・人の為になる(P36)
			(5)保育実習Ⅱ(私立保育所)・Ⅲ(施設)	子ども達と同じことをする(P38)・隠れた心(P39)・嬉しい発見(P39)・実習巡回(P40)
第2部	第1章	第1節	味方になる	存在を受け入れる(P42)・カッターを持つ少年(P43)・耳を傾ける(P44)・努力を認める(P44)・自分の存在価値(P45)・思いやりの心(P46)
		第2節	愛情を注ぐ	「大好きだよ」と伝える(P46)・抱っこする(P47)・本当の気持ち(P47)・安心できるということ(P48)
		第3節	魅力に触れる	友達に言っていい言葉(P49)・思いやりのある子ども達(P49)・幸せを教わる(P50)・素直な子ども達(P51)・障碍がある方の魅力を知る(P51)・良い所を探して(P51)
		第4節	心の事情	家での不安から甘えてくる(P52)・赤ちゃん言葉(P53)・温かな環境(P54)
		第5節	その子その人の世界	「先生、キラキラ」(P54)・ずっと笑顔でいられる(P55)・子どもの世界に入る(P55)・同じようにやってみる(P56)・自分でもやってみる(P57)・音で見る(P57)
		第6節	共感する	思いを共有する(P58)・気持ちに寄り添う(P58)・気持ちに共感する(P59)・ピアノ曲の思い出(P59)
		第7節	相手に合わせる	一緒に空を見る(P61)・子どもに付き合う(P61)・まず受け止める(P61)・子どもの気持ちに共感する(P62)・散歩に付き添う(P63)
		第8節	気持ちを受け止める	気持ちに寄り添う(P64)・乱暴する子の気持ち(P64)・花を飾る(P65)・気持ちを受け止める(P66)・「帰りたくても帰れない」(P66)
		第9節	信頼を育てる	自分から壁を作らない(P67)・小さな信頼(P68)・利用者同士の絆(P68)・遊びに付き合う(P69)・子ども同士の係わり(P70)
		第10節	行動の意味	おでこをはたいた理由(P70)・片付けない理由(P71)・リボンを2つ作る(P71)・保育室を出て行く(P72)・影がおもしろい(P73)
		第11節	気持ちに気付く	隠された気持ちに気付く(P74)・子どもの本心(P75)・ブレスレットで気持ちを表す(P75)・気持ちを理解する(P76)・子どもの目線(P76)

参照先(部・章・節・見出し)				エピソードの題(ページ)
第2部	第2章	第1節	気持ちを聴く	不安な気持(P78)・膝の上に座りたかった(P78)・シールを余分に欲しがる(P79)・子どもの気持ちを聴く(P79)・ちゃんと話を聞く(P80)・気持ちを受け取る(P80)・短い言葉の意味(P81)・言葉の意味を探す(P81)
		第2節	言葉を掛ける	気持ちに即した言葉掛け(P82)・言葉掛けの違い(P83)・信号を楽しむ(P83)・青い空(P84)・肯定的な声掛け(P84)
		第3節	気持ちを伝え合う	「嫌だ」と伝える(P85)・自分の気持ちを伝える(P86)・「大好き」と伝える(P86)
		第4節	コミュニケーション	一対一のコミュニケーション(P87)・似をする(P87)・隣に座る(P88)・歌でコミュニケーション(P88)・人形を使って声を掛ける(P89)・包帯でコミュニケーション(P89)
		第5節	目線・表情・動きから思いを読み取る	目線の先には(P90)・心は笑顔(P91)・視線に気付く(P91)・目線の先(P92)・コミュニケーションの跡(P92)
		第6節	様々なコトバ	選ぶことの大切さ(P94)・様々なコトバ(P95)・手話を受け取る(P95)・手話や指文字を教わる(P96)・手話で"アリガトウ"(P96)・指文字表(P97)・絵を描いて伝える(P98)・写真や身振りを理解する(P98)・絵での会話(P99)・平仮名５０音表を指差して伝える(P99)・文字や手話を受け取る(P100)
	第3章	第1節	気持ちの調整	自分で気持ちを静める(P102)・声を掛け抱きしめる(P103)・傍にいて気持ちを受け止める(P103)・寄り添う(P104)・時計の針で約束する(P104)・代わりの行動に満足する(P105)
		第2節	こだわりを尊重する	踏み切りを作る(P106)・笑顔の理由(P106)・ブロックのお守り(P107)・絵本がお守り(P107)・こだわりに付き合う(P108)・紙ちぎりを許可する(P108)・他の行動に誘う(P109)
		第3節	「困った行動」	悪ふざけ(P110)・教室を走る(P110)・唾をかける(P110)・行動が遅い(P111)・上履きを脱がす(P112)・机に乗る(P112)・クラスがざわつく(P113)・一番にこだわる(P114)
		第4節	けんかの対応	けんかの対応の仕方の変化(P114)・けんかをした子の気持ちを受け止める(P115)・理由を代弁する(P116)・つねった子の気持ち(P117)・自分達で解決する(P117)・自分から謝る(P118)
	第4章	第1節	自立を助ける	甘えが自立に繋がる(P119)・甘えを受け入れる(P119)・ゆっくり一緒に歩く(P120)・子どもの成長(P121)・成長する力(P121)・靴下を履く(P122)・自信に繋げる(P123)・間違いを指摘しない(P123)・得意なところを伸ばす(P124)・教える工夫(P125)・少しの工夫(P125)
		第2節	見守る	手を貸さない援助(P126)・子どもから伝えるコトバ(P127)・見守る保育(P127)・ゆっくり係わる(P128)・気持ちが向くまで待つ(P128)・見守ることの大切さ(P129)
	第5章		食べる	楽しく食べる工夫(P130)・目で見て食べる(P130)・細かくする(P130)・食事の工夫(P131)・給食が大好きなクラス(P131)・信頼があって食が進む(P132)・安心して食事をする(P132)・席を立つ訳(P133)・「給食が嫌」(P134)・頑張らなくていい(P134)・嫌いなイチゴを隠す(P134)・心の栄養(P135)
	第6章	第1節	親子の絆	親が一番(P137)・段ボール箱いっぱいの問題集(P137)・親子旅行(P138)・お母さんの思い出話(P139)・毬に込められた思い(P139)
		第2節	異年齢交流	お姉さんになる(P141)・年上の子の甘えを受け止める(P141)
		第3節	共に生き、共に育つ	自然に接する子ども達(P142)・"みんな仲良し"(P142)・楽しく生活を送れるように(P143)・子どもと同じ目線で(P143)・共に育つ(P145)・ルールを変える(P145)・支え合って成長する(P145)・仲間を助ける(P146)・子どもに寄り添い理解する(P147)・普通学校に行きたかった(P148)
		第4節	施設で暮らす	施設で暮らす事情(P148)・施設での暮らしを励ます(P149)・家でたくさん甘える(P149)・施設では十分甘えられない(P150)・夜になると甘える(P151)・人と暮らす温かさ(P151)・仲間を大切にする(P152)・助け合う(P152)・薬で行動を抑える(P153)・節約と貯金(P154)・外の世界(P154)・思い出のアルバム(P154)
		第5節	偏見・差別	差別に負けない(P156)・心のバリアフリー(P156)・意味が分かると不安が無くなる(P157)・相手の心に触れること(P158)・気持ちを理解する(P158)・地域の方の障碍者理解(P159)・お母さんの思い(P160)

著者略歴

小竹　利夫（こたけ・としお）

1985年東北大学大学院教育学研究科博士課程前期修了（教育学修士）。群馬県にある母子通所支援施設あらまきこどものへや（現前橋こどものへや）や太田こどものへやにおいて障碍があると言われる子どもたちの育ちを応援する。2007年まで太田こどものへや代表。1993年より群馬大学教育学部非常勤講師。現在，佐野日本大学短期大学教授。保育者を目指す学生たちの教育に携わる。子どもや学生と共に学び合う関係を大切にしたいと考えている。臨床発達心理士。

住所　〒373-0004　群馬県太田市強戸町554-8
E-mail　h-kotake@nifty.com

実習エピソードでつづる
子どもや障碍がある人の心の世界

2016年12月10日　第1刷発行
2018年6月10日　第2刷発行

著　者　小　竹　利　夫

発行者　中　村　裕　二

発行所　㈲　川　島　書　店

〒165-0026
東京都中野区新井2-16-7
電話 03-3388-5065
（営業・編集）電話 048-286-9001
FAX 048-287-6070

© 2016
Printed in Japan　　DTP・風草工房／印刷 製本・㈱シナノ

落丁・乱丁本はお取替いたします　　　　　　振替・00170-5-34102

＊定価はカバーに表示してあります
ISBN978-4-7610-0913-7 C3036

育児日記が語る 赤ちゃん心理学 I

田子亜木子・中野尚彦 著

子育ては謎解きの連続でした。それを書き留めてきただけの育児日記ですが，子どもについてのたくさんの発見を記録しておく場になりました。…本書は，娘の「育児日記」と，心理学者の父による日記の読み解きとからなる，親子コラボレーション。　★四六・168頁 本体 1,900 円

ISBN 978-4-7610-0905-2

知行とともに　ダウン症児の父親の記

徳田茂 著

知行（ともゆき）は「ダウン症児一般」ではない。知行は，知行なのだ。本書は，二十年の歳月をわが子とともに歩んできた著者が，さまざまな体験をとおして，自分をみつめ，「障害」児とともに生きることのおもしろさと大切さをつづった感動の記録である。　★四六・268頁 本体 2,136 円

ISBN 978-4-7610-0542-9

詩のあしおと―学級通信の片隅から

堀 徹造 著

日刊の学級通信を，新任の頃から 30 年にわたって続けてきた著者は，毎号通信の片隅に，詩を掲載してきました。取り上げてきた 1700 を超える膨大な詩人の作品の中から，選りすぐりをまとめたのが本書で，読むと自分も詩をつくってみたくなります。（書評より）　★四六・146頁 本体 1,600 円

ISBN 978-4-7610-0909-0

ミュージック・ケア

宮本啓子 著

ミュージック・ケアは，音楽療法の一つとして近年，めざましい発展をみせているが，本書は，師の加賀谷哲郎の教えを受け継ぎ，長年にわたって福祉の現場で実践をかさね，大きな成果をあげてきた著者が，その基本と実際を体系的に紹介する，初めての基本書。　★B5・172頁 本体 2,500 円

ISBN 978-4-7610-0886-4

ピア・サポート実践マニュアル

トレバー・コール　バーンズ亀山静子・矢部文 訳

本書は，ピア・サポート活動を創始し，長年に亘って実践をかさね，大きな成果をあげてきた，カナダの T・コール博士が，その考え方とスキルの実際について簡潔にまとめた，待望のマニュアル Kids Helping Kids の日本語版である。（解説・森川澄男）　★B5・224頁 本体 2,500 円

ISBN 978-4-7610-0733-1

川 島 書 店

http://kawashima-pb.kazekusa.co.jp/　（価格は税別 2017 年 12 月現在）